教科書ガイド

ガイド

三省堂 版

マイウェイ
English
Communication I

T E X T

B O O K

G U I D E

文研出版

JN059137

はじめに

　本書は、三省堂発行の高等学校の英語教科書『MY WAY English Communication I』で学習するみなさんの予習と演習のために執筆されました。

　英語の勉強は事前に自ら調べ、また、授業のあとで復習し演習することで、学習した内容を確かなものにすることができます。本書はこうした予習と演習をより効果的に進めることを目的に作られた案内書であり、教科書本文の日本語訳や問題の解答をそのまま与えるものではありません。

　本書では、教科書の内容を正しく理解するだけでなく、教科書で扱われる表現や文法の体系をわかりやすく解説し、さらに多くの例題を解くことによりその定着をはかることを目指しました。本書を教科書本文の理解に役立たせるばかりでなく、みなさんが積極的に英語でコミュニケーションを行う手がかりとして利用していただければ幸いです。

2022年2月

編集部

本書の構成と使用上の注意

● 題材の解説

各課のはじめに、作者や作品についての解説や、背景知識などが紹介されています。授業の前に題材の概要を把握しておくと、学習する上で効果的です。

● 教科書本文と Ａ Ｂ Ｃ 単語・語句の研究

レッスンの本文をセクションごとに転載し、「読解のポイント」を提示しています。また、そのセクションの新出語句をチェック欄とともに本文の下に掲載しています。例や参考も語彙を広げるのに役立ちます。

● 解説

本文を理解する上で重要な箇所を取り上げ、文型、文法、および語句や表現の観点からわかりやすく解説してあります。解説のあとの 確認 では、解説の要点を理解できているかどうかを確認することができます。

● 文型と文法の解説

教科書のGrammarで取り上げられている文法項目を詳しく解説しています。

● 確認問題

段階を踏んで英語の理解を総合的に確認できるように、次のような内容で3ページ構成になっています。

大問1～6（語彙・表現・文法問題）：

教科書で学んだ語彙・表現・文型・文法・語法などについて、演習します。

大問7（総合問題）：

教科書本文の抜粋を掲載し、英文和訳・和文英訳・整序問題などを設けました。内容・要点の把握と理解を総合的に確認します。

CONTENTS

Lesson 1
Proverbs Around the World·······5

Lesson 2
Iwago Mitsuaki — An Animal Photographer·······21

Lesson 3
Sending Canned Mackerel to Space·······37

Lesson 4
Messages from *Winnie-the-Pooh*·······53

Lesson 5
Endangered Languages·······69

Lesson 6
A Wheelchair Traveler·······87

Lesson 7
The Fugees·······105

Lesson 8
Avatar Robots·······123

Lesson 9
Kadono Eiko and the Power of Imagination·······141

Lesson 10
SDGs — Sustainable Development Goals·······159

Reading
The Tale of Johnny Town-Mouse·······175

解答·······195

4

Proverbs Around the World

　世界にはさまざまなことわざがあります。ことわざとは、昔から言い伝えられてきた、日常の教訓などを含んだ短いことばのこと。日本にも「雨降って地固まる」「窮鼠猫を噛む」など、さまざまなことわざがあります。身の回りの事物が含まれた短いことばで言い表しているため、親しみやすく、意味が伝わりやすいこともことわざの特徴といえるでしょう。

　LESSON 1では、世界のことわざが紹介されています。中でも動物や花が登場することわざは、わかりやすく親しみやすいといえるでしょう。日本では上に挙げたネズミや猫といった、日本でよく見かける動物が登場していますが、国によって親しみのある動物は異なるため、ことわざに登場する動物もさまざまです。

　本文に出てくることわざ以外にも、各国のことわざについて調べてみるのもおもしろいかもしれません。さまざまな国のさまざまなことわざを通して、各国の生活や文化についても考えてみましょう。

Section 1

教科書p.16

 読解のポイント

1. ALTが紹介していることわざの例は何でしょうか。
2. ALTは、ことわざのよい点についてどのように説明していますか。

①In my high school days, proverbs helped me a lot. ②They come from people's common experiences and traditional knowledge.

③One famous proverb is "A friend in need is a friend indeed." ④A true friend stands by you when you have trouble. ⑤Another proverb is "Where there is a will, there is a way." ⑥When you do something, have a clear goal and work hard. ⑦Then you reach the goal in the end.

⑧Proverbs often encourage us when we need help. ⑨Proverbs enrich our lives.

A B C 単語・語句の研究

☐ proverb(s) [právə:rb(z)]	名 ことわざ ▶アクセントに注意	
☐ come from 〜	〜に由来する 例 My name comes from my grandfather's name.(私の名前は祖父の名前に由来する)	
☐ **common** [kámən]	形 普通の	
☐ **knowledge** [nálidʒ]	名 知識 ▶発音に注意 参考 know(〜を知っている)	
☐ **indeed** [indi:d]	副 本当に	
☐ stand by 〜	〜を助ける 例 I'll always stand by you.(私はいつでもあなたを助ける)	
☐ in the end	最後には 例 I found the answer in the end.(最後には、私は答えを見つけた)	
☐ **encourage** [inkə́:ridʒ]	動 〜を励ます、勇気づける ▶発音に注意 参考 courage(勇気)、courageous(勇気のある)	
☐ **enrich** [inrítʃ]	動 〜を(さらに)豊かにする 参考 rich(豊かな)、richness(豊富さ)	

解説

① In my high school days, proverbs helped me a lot.

- in one's ～ days で「（人）が～だったころ」という意味になる。
  例 in his childhood days（彼が子どもだったころ）
- helped「助けた」は一般動詞の過去形。過去形には、原形に (e)d をつける規則動詞と不規則に変化する不規則動詞がある。
- 確認 （　）内に適切な語を入れなさい。
  ア．私たちはきのうサッカーをした。
  　　We (　　　) soccer yesterday.
  イ．健は今朝 8 時に学校に来た。
  　　Ken (　　　) to school at eight this morning.

② They come from people's common experiences and traditional knowledge.

- They は前文の proverbs のこと。
- 現在の状態や習慣的な行動、一般的な事実、不変の真理などを表すときは動詞を現在形にする。現在形は原形と同じ形か、主語が三人称単数のときは (e)s をつけた三人称単数現在形にする。
- 確認 （　）内に適切な語を入れなさい。
  ア．私は音楽が大好きだ。
  　　I (　　　) music very much.
  イ．父は電車で仕事に行く。
  　　My father (　　　) to work by train.

③ One famous proverb is "A friend in need is a friend indeed."

- be 動詞 is が、One famous proverb (S) と "A friend in need is a friend indeed." (C) を ＝（イコール）の関係で結んでいる。be 動詞の形は時制と主語の人称や数によって変化する。
- 確認 （　）内に適切な語を入れなさい。
  ア．その子どもたちは大阪出身だ。
  　　The children (　　　) from Osaka.
  イ．きのうは寒かった。
  　　It (　　　) cold yesterday.

④ **A true friend stands by you when you have trouble.**
- stand by 〜は「〜を助ける」の意味。
- この文は「真の友は、苦労しているとき助けてくれる」つまり「まさかの時の友こそ真の友」。

⑤ **Another proverb is "Where there is a will, there is a way."**
- この文は③の文とセットになっている。One ... is 〜. Another ... is 一. で「1つの…は〜。もう1つの…は一」と列挙する言い方になる。Where there is a will, there is a way. は「意志あるところに道は開ける」の意味。

⑥ **When you do something, have a clear goal and work hard.**
- 〈when + S' + V'〉で「S'がV'するときは」という時を表す。
- カンマ以降は2つの命令文がandでつながれている。have a clear goalは「明確な目標を持つ」、work hardは「一生懸命取り組む」。

⑦ **Then you reach the goal in the end.**
- 前文のhave a clear goalとwork hardという命令文を受けて、Then「そうすれば」のあとに結果として起こる事実を述べている。
- in the endは「最後には」の意味。

⑧ **Proverbs often encourage us when we need help.**
- oftenはふつう一般動詞の前に置いて「しばしば、よく」という頻度を表す。
- 〈when + S' + V'〉で「S'がV'するときは」という時を表す。

⑨ **Proverbs enrich our lives.**
- enrichは「〜を豊かにする」という意味の動詞。
  en- を形容詞や名詞の前につけると、「〜（の状態）にする」という意味の動詞になる。
  例 rich「豊かな」→enrich「〜を豊かにする」
  　 large「大きい」→enlarge「〜を大きくする」
- ここのlivesはlife[láif]「人生、生活」の複数形。
  動詞live[lív]「生きる、住む」の三人称単数現在形lives[lívz]とは異なり、[láivz]と発音することに注意。

Section 2

教科書p.18

 読解のポイント

1. どのような国で、どのような動物がことわざに登場していますか。
2. ことわざに動物が含まれることのよい点は何でしょうか。

(1) Proverbs often include animals. (2) Let's look at some examples from two countries.

(3) The first one is from Thailand. (4) "Don't ride an elephant to catch a grasshopper." (5) When you are doing a small job, a big tool is not useful. (6) The second one is from Brazil. (7) "In a piranha-filled river, an alligator swims backstroke." (8) Before you get in trouble, prepare for danger and protect yourself.

(9) Proverbs from different countries often include familiar local animals. (10) Because of their images, people easily understand the messages.

ABC 単語・語句の研究

☐ **include** [inklú:d]	動 ～を含む 参考 including（～を含めて）、inclusion（包含、包括）
☐ **grasshopper** [grǽshə̀pər]	名 バッタ 参考 grass（草）、hopper（ぴょんぴょん跳ぶ人・虫）
☐ **tool** [tú:l]	名 道具
☐ **piranha** [pərá:njə]	名 ピラニア
☐ **piranha-filled**	ピラニアでいっぱいの
☐ **alligator** [ǽləgèitər]	名 ワニ　▶アクセントに注意
☐ **backstroke** [bǽkstròuk]	名 背泳
☐ **get in trouble**	困ったことになる 例 Jim helped me when I got in trouble. （私が困ったことになったとき、ジムが助けてくれた）
☐ **prepare for ～**	～に備える 例 Let's prepare for the exam. （試験に備えよう）

☐ **familiar** [fəmíljər]　形 よく知られている、なじみの
　　　　　　　　　　　▶アクセントに注意
　　　　　　　　　　　参考 familiarity（よく知っていること）、
　　　　　　　　　　　family（家族）

☐ **image(s)** [ímidʒ(iz)]　名 イメージ、印象
　　　　　　　　　　　▶発音・アクセントに注意
　　　　　　　　　　　参考 imagination（想像（力））、imagine（〜を想像する）

 解説

① **Proverbs often include animals.**
- often「しばしば、よく」などの頻度を表す副詞はふつう一般動詞の前、be動詞や助動詞のあとに置く。

② **Let's look at some examples from two countries.**
- Let's look at 〜. は「〜を見てみよう」と例を挙げて説明するときによく使う表現。
　例 Let's look at an example of the design.（デザインの一例を見てみよう）

③ **The first one is from Thailand.**
- The first one は、前文の some examples を受けて、最初の例（example）ということ。
- two countries のうちの1つとして Thailand が挙げられている。

④ **"Don't ride an elephant to catch a grasshopper."**
- 〈Don't ＋動詞の原形 〜.〉で「〜してはいけない」という禁止を表す。
　例 Don't take photos in this building.
　　（この建物内で写真を撮ってはいけない）
- to catch 〜は「〜するために」と目的を表す不定詞。

⑤ **When you are doing a small job, a big tool is not useful.**
- When 〜, の部分は「〜するとき」という時を表す。
　例 When you are tired, take a long bath and relax.
　　（疲れているときは、ゆっくりお風呂に入ってリラックスしなさい）
- 〈be動詞 ＋ 〜ing〉で「（今）〜している」「〜しつつある」という進行中の動作や、今後確実に起こる未来のことを表す。

確認 ( ) 内に適切な語を入れなさい。

ア．その少女は今ギターを弾いている。
　The girl ( ) ( ) the guitar now.

イ．次のバスがもうすぐ到着するだろう。
　The next bus is ( ) soon.

⑥ The second one is from Brazil.

● The second one は、②の some examples を受けて、2番目の例（example）ということ。

● two countries のうち、Thailand に続いて Brazil が挙げられている。

⑦ "In a piranha-filled river, an alligator swims backstroke."

● 名詞 -filled で「～でいっぱいの」という意味を表す。

● a piranha-filled river は「ピラニアでいっぱいの川」、つまり、The river is filled with piranhas. ということ。

● 〈swim ＋泳法を表す名詞〉で「～（の泳法）で泳ぐ」という意味になる。
　例 The boy is swimming freestyle.（その少年は自由形で泳いでいる）

⑧ Before you get in trouble, prepare for danger and protect yourself.

● ここの you は「あなた」ではなく一般的な人をさす。

● 文の中心は、prepare for ～「～に備えなさい」という命令文の部分。Before ～, の部分は「～（する）前に」という時を表している。

⑨ Proverbs from different countries often include familiar local animals.

● Proverbs ～ countries までが文の主語。

● different はここでは「さまざまな」という意味で使われている。

● familiar local animals は、local「地元の」familiar「よく知られている」動物ということ。Thailand では elephant、Brazil では piranha がこれにあたる。日本でいえば、「犬も歩けば棒に当たる」「猫に小判」などが familiar local animals がことわざに含まれている例。

⑩ Because of their images, people easily understand the messages.

● their は familiar local animals'「よく知られている地元の動物の」ということ。

- the messages は proverbs に込められたメッセージ。
- 〈because of ＋名詞〉は「〜のために」という理由を表す。〈because ＋ S' ＋ V'〉との形の違いに注意する。

  例 I was late for school because of the heavy rain.
  （私は大雨のために学校に遅れた）

  I was late for school because it was raining heavily.
  （私は雨がひどく降っていたために学校に遅れた）

Section 3

教科書p.20

 読解のポイント

1. どのような国で、どのような花がことわざに登場していますか。
2. この文章によると、ことわざとは人間にとってどのようなものですか。

① Proverbs often include flowers, too. ② Many of them have positive meanings.

③ "All the flowers of tomorrow are in the seeds of today" is a proverb from India. ④ In this proverb, seeds indicate effort, and flowers are the result of the effort. ⑤ Today's effort leads to tomorrow's success. ⑥ "Stop and smell the roses" is from the US. ⑦ It means that a change of pace is important in our busy lives.

⑧ Proverbs around the world often show the values in local people's lives. ⑨ Proverbs are cultural treasures of human beings.

A B C 単語・語句の研究

☐ **positive** [pázətiv]	形 建設的な、前向きの	
☐ **meaning(s)** [míːniŋ(z)]	名 意味 参考 mean (〜を意味する)、meaningful (意味深い)	
☐ **indicate** [índəkèit]	動 〜を示す	
☐ **lead to 〜**	〜につながる 例 Carelessness leads to an accident. (不注意が事故につながる)	
☐ **success** [səksés]	名 成功　▶アクセントに注意 参考 successful (成功した)、succeed (成功する)	
☐ **US** [jùːés]	名 (the US = the United Statesで) アメリカ合衆国	
☐ **pace** [péis]	名 速度、ペース	
☐ **a change of pace**	気分転換 例 I took a walk for a change of pace. (私は気分転換に散歩をした)	
☐ **value(s)** [vǽlju(z)]	名 価値、有用性	
☐ **cultural** [kʌ́ltʃərəl]	形 文化的な　参考 culture (文化)	
☐ **being(s)** [bíːiŋ(z)]	名 生き物、存在	
☐ human being	人間	

13

解説

① **Proverbs often include flowers, too.**
- 文末の , too「〜も」は、Section 2 ① Proverbs often include animals. を受けて「（動物に加えて花）も」ということ。

② **Many of them have positive meanings.**
- Many は代名詞で、漠然と「多数（のもの・人）」をさす。many of 〜で「〜の多く」という意味になる。
- them は前文の proverbs、特に花を含んでいることわざをさす。

③ **"All the flowers of tomorrow are in the seeds of today" is a proverb from India.**
- " " 内の文全体が文の主語になっている。
- " " 内は All 〜 tomorrow が主語。the flowers of tomorrow と the seeds of today を対比した文。
- 〈all the ＋名詞の複数形〉で「すべての〜」という意味になる。

④ **In this proverb, seeds indicate effort, and flowers are the result of the effort.**
- seeds 〜 effort と flowers 〜 effort という 2 つの節が、and を使って等位につながれている。

⑤ **Today's effort leads to tomorrow's success.**
- lead to 〜は「〜につながる」という意味。普遍的な事実について述べているので、現在形の動詞 leads が使われている。

⑥ **"Stop and smell the roses" is from the US.**
- " " 内の文全体が文の主語になっている。
- Stop と smell the roses という 2 つの命令文が and で結ばれている。

⑦ **It means that a change of pace is important in our busy lives.**
- It は前文のことわざ "Stop and smell the roses" をさす。
- that は、そのあとに節（S' ＋ V'）が続いて「S' が V' すること」という意味を

表す。このthatは省略することができる。

 ⟨確認⟩（ ）内に適切な語を入れなさい。

 ア．その歌手の新曲はすばらしいと私は思う。

  I think ( ) the singer's new song is wonderful.

 イ．あなたが一生懸命やったことを私は知っている。

  ( ) ( ) you worked hard.

⑧ **Proverbs around the world often show the values in local people's lives.**

- Proverbs around the world(S) often show(V) the values in local people's lives(O). の文。
- ここのlivesはlife「人生、生活」の複数形。

⑨ **Proverbs are cultural treasures of human beings.**

- Proverbs(S) are(V) cultural treasures of human beings(C). の文。

文型と文法の解説

1 動詞の現在形・過去形

◎ 「～する」「～である」＝［動詞の現在形］

They <u>come</u> from people's common experiences.
　　　　「由来する」

(それら (ことわざ) は人々の日常的な経験に由来している)

● 現在形 (一般動詞)

現在の状態や習慣的な行動、一般的な事実、不変の真理などを表すときは、動詞の現在形を使う。現在形は基本的には原形と同じ形。主語が三人称単数のときは、(e)sをつけた三人称単数現在形にする。

　例 I **love** music. （私は音楽が大好きだ）【現在の状態】
　　 I **get** up at six every day. （私は毎日 6 時に起きる）【習慣的な行動】
　　 Giraffes **live** in Africa. （キリンはアフリカにすんでいる）【一般的な事実】
　　 The sun **rises** in the east. （太陽は東から昇る）【不変の真理】

● 現在形 (be動詞)

主語と補語を ＝（イコール）の関係で結び、「～である」という状態を表す。

　例 I **am** hungry now. （私は今おなかがすいている）
　　 We **are** high school students. （私たちは高校生だ）
　　 This **is** my cat. （これは私の猫だ）

◎ 「～した」「～であった」＝［動詞の過去形］

Proverbs <u>helped</u> me a lot. （ことわざは私を大いに助けてくれた）
　　　　「～を助けた」

過去の状態や行動を表すときは、動詞の過去形を使う。一般動詞の過去形には、原形に (e)dをつける規則動詞と不規則に変化する不規則動詞がある。

● 過去形 (一般動詞・be動詞)

一般動詞は過去の状態や動作、be動詞は過去の状態を表す。

　例 Kei **lived** in the US when he was young. （圭は若いころ米国に住んでいた）
　　 We **swam** in the sea yesterday. （私たちはきのう海で泳いだ）
　　 It **was** cold yesterday. （きのうは寒かった）

2 現在進行形

◉ 「(今)〜している」「〜しつつある」＝ [be動詞＋〜ing]

When you **are doing** a small job, a big tool is not useful.
　　　　　「〜をしている」

(小さな仕事をしているときには、大きな道具は役に立たない)

　現在進行形は、現在の動作が進行していること、これから確実に起こることを表す。なおbe動詞を過去形にすると、過去の一時点で動作が進行していたことを表す過去進行形になる。

● 現在進行形

　例 The girls **are running** along the river. 【進行中の動作】
　　(少女たちは川沿いを走っている)

　　Mr. Smith **is moving** next week. 【これから確実に起こること】
　　(スミス先生は来週引っ越す)

● 過去進行形

　例 I **was reading** a book then. 【過去の一時点で進行中の動作】
　　(そのとき、私は本を読んでいた)

3 SVO (O = that節)

◉ 「〜ということを…する」＝ [S (主語) ＋ V (動詞) ＋ that 〜]

<u>It</u> <u>means</u> <u>**that** a change of pace is important in our busy lives</u>.
(S)　(V)　　　　　　(S')　　　　(V')
　　　　　　　　　　　　(O)

(それは、忙しい生活の中では気分転換が大切だということを意味している)

　主語 (It) と動詞 (means) のあとに〈that ＋ S' ＋ V'〉がきて、that節全体が文の目的語になっている。このthatは省略することができる。

　that節を目的語にとる動詞は、mean「〜を意味する」のほかにthink「〜と思う」、believe「〜を信じる」、know「〜を知っている」、say「言う」などがある。

　例 I **think (that)** he is kind. (私は、彼は親切だと思う)

　　I **believe (that)** our team will win the game.
　　(私は、私たちのチームが試合に勝つと信じている)

　　Ken **knows (that)** I like listening to music.
　　(健は、私が音楽を聞くのを好きなことを知っている)

確認問題

1 下線部の発音が同じものには○、違うものには×を（　　）に書き入れなさい。

(1) kn<u>ow</u>ledge — sh<u>ow</u>　　（　　　）

(2) incl<u>u</u>de — t<u>oo</u>l　　（　　　）

(3) enc<u>ou</u>rage — tr<u>ou</u>ble　　（　　　）

(4) v<u>a</u>lue — p<u>a</u>ce　　（　　　）

(5) c<u>u</u>ltural — an<u>o</u>ther　　（　　　）

2 ［　　　　］ から最も適切な語を選び、必要に応じて形を変えて（　　）に書き入れなさい。

(1) I（　　　）to bed at eleven last night.

(2) Look. A dog is（　　　）over there.

(3) We believe（　　　）Eric will help us.

(4) Tom（　　　）Japanese every day.

(5) Daisy and Ken（　　　）playing tennis when I saw them.

be	go	study	that	run

3 日本語に合うように、（　　）内に適切な語を入れなさい。

(1) 私は建設的な答えがほしい。

I want a（　　　）answer.

(2) 打ち合わせのメンバーはあなたを含んでいる。

The meeting members（　　　）you.

(3) きのうのコンサートは本当に特別だった。

Yesterday's concert was special（　　　）.

(4) チューリップは日本でよく知られている花だ。

Tulips are（　　　）flowers in Japan.

(5) その単語にはいい印象がありますか。

Does the word have a good（　　　）?

4 日本語に合うように、(　　) 内に適切な語を入れなさい。

(1) 最後にはあなたが勝つだろう。

You will win (　　　) the (　　　).

(2) 小さな努力が大きな成功につながる。

Small efforts (　　　) (　　　) big success.

(3) その薬は自然に由来する。

The medicine (　　　) (　　　) nature.

(4) 君には気分転換が必要だ。お茶を飲もう。

You need a (　　　) of (　　　). Let's have some tea.

(5) 私たちはケーキを作ってパーティーに備えた。

We made a cake and (　　　) (　　　) the party.

5 次の英語を日本語に訳しなさい。

(1) Human beings use languages.

_____

(2) An alligator is swimming in the river.

_____

(3) I think that the dancer is great.

_____

6 日本語に合うように、[　　] 内の語句を並べかえなさい。

(1) 友人たちが私を助けてくれた。

[stood / me / my / by / friends].

_____

(2) 困ったことになったときは私に電話して。

Call [you / trouble / me / in / if / get].

Call _____.

(3) 私はスミス先生がオーストラリア出身だと知っている。

[know / is / Mr. Smith / that / I / from] Australia.

_____ Australia.

7 次の英文を読み、設問に答えなさい。

Proverbs often include animals.　Let's look at some examples from ① two countries.

The first one is from Thailand.　"Don't ride an elephant to catch a grasshopper."　When you are ② (do) a small job, a big tool is not useful. The second one is from Brazil.　"In a piranha-filled river, an alligator swims backstroke."　Before you get (　③　) trouble, ④ prepare for danger and protect yourself.

⑤ Proverbs [often include / familiar local / different / countries / from / animals].　⑥ Because of their images, people easily understand the messages.

(1) 下線部①がさすものを2つ、本文から抜き出して書きなさい。

_____　_____

(2) ②の単語を適切な形に直しなさい。　　　　　　　　_____

(3) 空所③に入る最も適切な語を選び、記号で答えなさい。
　　ア. on　　イ. in　　ウ. to　　エ. from　　　　　　　　（　　）

(4) 下線部④を日本語に訳しなさい。

_____

(5) 下線部⑤が「さまざまな国のことわざが、しばしばよく知られている現地の動物を含んでいる」という意味になるように、[　]内の語句を並べかえなさい。

Proverbs _____

_____.

(6) 下線部⑥を、theirがさすものを明らかにして日本語に訳しなさい。

_____

_____

Iwago Mitsuaki
— An Animal Photographer

　動物写真家の岩合光昭さんは、人間にとって身近な動物である猫からアフリカやガラパゴス、北極圏などの大自然に暮らす動物まで、世界のあらゆるところの動物の写真を撮り続けています。岩合さんの写真は、日本人写真家の作品で初めて、世界的な科学雑誌『ナショナルジオグラフィック』の表紙を飾ったことでも知られています。

　また、岩合さんが猫の目線になって世界各地の猫の写真を撮るテレビ番組も放送されています。岩合さんの撮影風景を見ていると、動物のほうから岩合さんのほうに近づいてくるようにも見えます。写真撮影の際、動物の自然な姿をとらえるために、岩合さんはどのような工夫をしているのでしょうか。また、岩合さんは自分の写真を通してどのようなことを伝えたいと思っているでしょうか。インタビューを通して、岩合さんの写真の魅力、そして人間と動物、自然の関係についても考えてみましょう。

Section 1

教科書 p.28

 読解のポイント

1. 岩合さんが猫を好きな理由は何ですか。
2. 岩合さんは、猫の写真を撮る前に何をするでしょうか。

Student : ① First of all, why do you like cats?

Iwago : ② Because they are free. ③ Cats live with people as pets, but they are not on a leash. Cats are beautiful and perfect.

S : ④ Your photos of cats are always interesting. ⑤ How can you take such wonderful photos?

I : ⑥ I observe the lifestyle of cats very carefully before I take photos. ⑦ For example, in a town with many cats, I watch them every day. ⑧ On cold mornings, they always come together in the same place. ⑨ The place may be warm from the sunlight. ⑩ So I go there in advance and wait for them. ⑪ They naturally sit around me.

🄰🄱🄲 単語・語句の研究

☐ first of all	まず第一に 例 First of all, let me introduce myself. （まず第一に、自己紹介させてください）
☐ leash [líːʃ]	图 リード、（犬などをつなぐ）綱
☐ on a leash	リードをつけて 例 The dog is on a leash. （その犬はリードをつけている）
☐ **observe** [əbzə́ːrv]	動 ～を観察する 参考 observation（観察）、observer（観察者）
☐ **lifestyle** [láifstàil]	图 ライフスタイル、生活様式
☐ come together	集まる 例 Students came together in the gym. （生徒たちは体育館に集まった）
☐ **sunlight** [sʌ́nlàit]	图 日光
☐ **advance** [ədvǽns]	图 発展、前進　▶アクセントに注意 参考 advanced（先進的な）

☐ in advance	あらかじめ 例 I bought the ticket in advance. （私は事前にチケットを買った）
☐ wait for ～	～を待つ 例 Wait for me at the gate. （門で私を待っていて）
☐ **naturally** [nǽtʃrəli]	副 自然に 参考 natural（自然な［の］）、nature（自然）

 解説

① **First of all, why do you like cats?**
- first of all で「まず第一に」という意味になる。
- このyouは、発言者の生徒がインタビューしている岩合光昭さんのこと。

② **Because they are free.**
- theyは前文のcatsのこと。
- ここのfreeは「自由な」という意味。freeにはほかにも、「ひまな、無料の」などさまざまな意味がある。

③ **Cats live with people as pets, but they are not on a leash.**
- ここのasは「～として」という意味。
- 文後半のtheyは、文頭のCatsをさす。
- on a leashは「リードをつけて」。これがnotで否定されている。

④ **Your photos of cats are always interesting.**
- Your photos of catsは、岩合光昭さんが撮った猫の写真のこと。

⑤ **How can you take such wonderful photos?**
- Howは方法・手段をたずねる疑問詞。
- 〈take（＋形容詞）＋ photos[pictures]〉で「（～な）写真を撮る」という意味になる。
- 〈can ＋動詞の原形〉で「～できる」という意味になる。
  確認 （　　）内に適切な語を入れなさい。
  今日の午後、あなたを手伝えます。
  I (　　　) (　　　) you this afternoon.

● such wonderful photos「そのようなすばらしい写真」とは、前文で述べた猫の写真のこと。

⑥ **I observe the lifestyle of cats very carefully before I take photos.**

● 接続詞 before「～する前に」で2つの文をつないでいる。I take photos する前に I observe the lifestyle of cats very carefully ということ。

⑦ **For example, in a town with many cats, I watch them every day.**

● for example は具体例を挙げるときに使う。

● them は cats をさしている。

⑧ **On cold mornings, they always come together in the same place.**

● they は cats をさしている。

● come together は「集まる」の意味。

⑨ **The place may be warm from the sunlight.**

● The place は前文の the same place のことで、猫が集まっている場所。

● 〈may＋動詞の原形〉で「～するかもしれない」、may be ～で「～（である）かもしれない」という意味を表す。

● 確認 （　　）内に適切な語を入れなさい。

ア．トムがパーティーに来るかもしれない。

Tom (　　　) (　　　) to the party.

イ．あの少年がケイトのお兄さんかもしれない。

That boy (　　　) be Kate's brother.

⑩ **So I go there in advance and wait for them.**

● there は前文の the place、つまり猫が集まる場所のこと。

● in advance は「あらかじめ」の意味。

● wait for ～は「～を待つ」の意味。

● them は cats をさす。

⑪ **They naturally sit around me.**

● They は cats、me は話し手である岩合光昭さんをさす。

Section **2**

教科書p.30

読解のポイント

1. 岩合さんが最初に抱いていたアフリカのイメージはどんなものでしたか。
2. アフリカでしばらく暮らした後、アフリカの動物のイメージはどのように変わったでしょうか。

S : ① You lived in Africa for over a year. Please tell me about your experience.

I : ② It was amazing. ③ There were many animals in the Serengeti in Tanzania. ④ At first, I had a typical image of Africa: lions were hunting zebras, or cheetahs were chasing gazelles. ⑤ But my view changed after some time there.

S : Why did your view change?

I : ⑥ Actually, many of the animals there were not moving much. ⑦ They were just relaxing. Giraffes were eating leaves of a tall tree. ⑧ I was impressed by the scene. ⑨ It was so beautiful and peaceful. ⑩ I realized that I had to take photos of animals and nature as they were.

ABC 単語・語句の研究

☐ **amazing** [əméiziŋ]	形 (人やものごとが) びっくりするような、すばらしい 参考 amazed ((人が…ということに) びっくりして)、amaze ((人) をびっくりさせる)
☐ Serengeti [sèrəngéti]	名 (the Serengeti で) セレンゲティ国立公園 ((世界自然遺産))
☐ Tanzania [tæ̀nzəníːə]	名 タンザニア
☐ at first	最初は 例 At first, Ann didn't like natto. (最初は、アンは納豆が好きではなかった)
☐ **typical** [típikl]	形 典型的な　▶発音に注意 参考 typically (典型的に、一般的に)、type [táip] (典型、タイプ)
☐ **hunt(ing)** [hʌ́nt(iŋ)]	動 ～を狩る 参考 hunting (狩猟)、hunter (猟師、狩りをする人)
☐ cheetah(s) [tʃíːtə(z)]	名 チーター

☐ **chasing** [tʃéisiŋ] <**chase**	動 ～を（捕えるために）追う
	参考 chase（追跡）、chaser（追跡するもの［人］）
☐ **gazelle(s)** [ɡəzél(z)]	名 ガゼル（（アフリカ大陸～ユーラシア大陸に生息するウシ科の動物）） ▶アクセントに注意
☐ **scene** [síːn]	名 光景、場面
	参考 scenery（山などの美しい）景色
☐ **peaceful** [píːsfl]	形 平和な、平穏な
	参考 peacefully（平穏に）、peace（平和）
☐ **realize(d)** [ríːəlàiz(d)]	動 ～だと気づく ▶アクセントに注意
	参考 real（本当の）、reality（現実（のこと））、realization（実現）
☐ **as they were**	ありのままに
	例 They expressed themselves as they were.（彼らは自分自身をありのままに表現した）

 解説

① **You lived in Africa for over a year.**

- インタビューをしている生徒のせりふ。You はインタビューされている岩合光昭さんをさす。
- over は超過を表す前置詞。over a year で「1 年より長く、1 年超」という意味になる。

  例 I slept over eight hours last night.

  （私は昨夜 8 時間超眠った）

② **It was amazing.**

- It は前文の your experience、つまり岩合光昭さんのアフリカにおける経験をさす。
- amazing は「（人やものごとが）びっくりするような、すばらしい」の意味。amazed「（人が…ということに）びっくりして」との使い分けに注意。

  例 The singer's beautiful voice was amazing.

  （その歌手の美しい声はびっくりするような［すばらしい］ものだった）

  I was amazed by the singer's beautiful voice.

  （私はその歌手の美しい声にびっくりした）

③ **There were many animals in the Serengeti in Tanzania.**
- 〈There was[were] ～.〉で「～がいた［あった］」という意味になる。
- the Serengeti はアフリカの Tanzania 国内にある国立公園。

④ **At first, I had a typical image of Africa: lions were hunting zebras, or cheetahs were chasing gazelles.**
- at first は「最初は」の意味。
- :（コロン）はそのあとに具体例を続けるときに使われる。ここでは、a typical image of Africa の例として、lions were hunting zebras と cheetahs were chasing gazelles が挙げられている。

⑤ **But my view changed after some time there.**
- there は in the Serengeti in Tanzania のこと。

⑥ **Actually, many of the animals there were not moving much.**
- many は「多く（のもの）」という代名詞で、〈many of ＋名詞の複数形〉で「～の多く」という意味になる。
- there は in the Serengeti in Tanzania のこと。
- not ～ much で「あまり～ない」という意味になる。

⑦ **They were just relaxing.**
- They は前の文の many of the animals there をさす。
- just は「ただ～するだけ」の意味。

⑧ **I was impressed by the scene.**
- 〈be 動詞＋過去分詞〉で「～される」という意味を表す。この形を受け身という。be 動詞は主語と時制にあわせて変える。ここでは impress「感動させる」が過去の受け身になり、「感動した」という意味になっている。
- 🖉**確認**　（　　　）内に適切な語を入れなさい。
  - ア．その公園は毎週月曜日に掃除される。
    - The park (　　　) (　　　) every Monday.
  - イ．私たちはあなたにたくさん助けられた。
    - We (　　　) (　　　) by you a lot.
- the scene は直前の 3 文で書かれた光景のこと。

⑨ **It was so beautiful and peaceful.**

- Itは前文のthe sceneをさしている。

⑩ **I realized that I had to take photos of animals and nature as they were.**

- 〈realize that + S' + V'〉で「S'がV'だということに気づく」という文。
- take photos of ～で「～の写真を撮る」の意味。ここでは「～」がanimals and nature。
- as they wereのように〈as + 人称代名詞 + be動詞〉で「ありのままに」という意味になる。

Section 3

教科書p.32

 読解のポイント

1. 岩合さんによると、猫はどのように暮らしていますか。
2. 岩合さんが、人が心に留めておくべきだと思っていることは何ですか。

S : ① As you take photos, what do you learn from cats?

I : ② Cats give us some hints about our lives. ③ For example, they always choose comfortable places. ④ When it is cold, they go to warm places. ⑤ When it is hot, they escape to the shade of a tree. ⑥ They live in harmony with nature. ⑦ With that hint, humans can live a simple life, too.

S : ⑧ What messages do you send through your photos?

I : ⑨ I hope that my photos remind people of the harmony between nature and animals. Humans are also part of nature. ⑩ This should be kept in mind. ⑪ Then, we can live together with nature and animals.

A B C 単語・語句の研究

☐ **hint(s)** [hínt(s)]	名 ヒント
☐ **escape** [iskéip]	動 逃れる
☐ **shade** [ʃéid]	名（物）陰、日陰 参考 shadow（光がものや人にさえぎられてできる、ものや人の形をした）影
☐ **harmony** [háːrməni]	名 調和
☐ in harmony with ~	～と調和して 例 Those people live in harmony with each other. （それらの人々はお互いと調和して暮らしている）
☐ **remind** [rimáind]	動 ～に気づかせる 参考 reminder（リマインダー、思い出させるもの）
☐ remind ~ of ...	～に…を気づかせる［思い出させる］ 例 The movie reminded me of the importance of friendship. （その映画は私に友情の大切さを気づかせた）
☐ between ~ and ...	～と…の間 例 The boy sat between his mother and father. （少年は母親と父親の間に座った）

□ keep ~ in mind 　〜を心に留めておく
　　　　　　　　　　　 例 I'll keep your words in mind.
　　　　　　　　　　　 (あなたの言葉を心に留めておきます)

 解説

① **As you take photos, what do you learn from cats?**
- ここのAsは「〜するときに」という意味の接続詞。

② **Cats give us some hints about our lives.**
- usは話し手である岩合光昭さんを含む人間全体をさす。
- ここのlivesは名詞lifeの複数形。

③ **For example, they always choose comfortable places.**
- for exampleは「例えば」と例を挙げるときの言い方。
- theyは前文のCatsをさす。

④ **When it is cold, they go to warm places.**
- ここのitは、気候や温度を表すときに使われる主語で、「それ」という意味はない。
- theyは②のCatsをさす。

⑤ **When it is hot, they escape to the shade of a tree.**
- ここのitは、気候や温度を表すときに使われる主語で、「それ」という意味はない。
- theyは②のCatsをさす。
- escape to 〜は「〜に逃れる」という表現。

⑥ **They live in harmony with nature.**
- Theyは②のCatsをさす。
- in harmony with 〜は「〜と調和して」という意味。

⑦ **With that hint, humans can live a simple life, too.**
- that hintとは、前文のThey (= Cats) live in harmony with nature. のこと。

- 〈live a + 形容詞 + life〉で「～な人生を送る」という表現になる。
  例 My grandfather lived a happy life.（祖父は幸せな人生を送った）

⑧ **What messages do you send through your photos?**
- you、your は聞き手である岩合光昭さんをさしている。

⑨ **I hope that my photos remind people of the harmony between nature and animals.**
- 〈hope that + S' + V'〉で「S'がV'であるよう望む、S'がV'だといいなと思う」という文。
- remind ～ of ... で「～に…を気づかせる［思い出させる］」という意味になる。

⑩ **This should be kept in mind.**
- This は前文の Humans are also part of nature. をさしている。
- 助動詞のついた受け身は、〈助動詞 + be + 過去分詞〉の語順になる。〈should be + 過去分詞〉は「～されるべき」。
- **確認**（　　）内に適切な語を入れなさい。
  そのお皿は洗われなくてはならない。
  The dishes must (　　　) (　　　).

⑪ **Then, we can live together with nature and animals.**
- together with ～で「～と一緒に」という意味。
  例 I traveled together with my parents and uncle.
  （私は両親とおじと一緒に旅行した）

文型と文法の解説

1 助動詞

◉ 「～できる」＝ ［can ＋動詞の原形］

How **can** you <u>take</u> such wonderful photos?
　　　　　　　　「～を撮ることができる」

（どうすればそのようなすばらしい写真を撮ることができるのですか）

　canは助動詞で、「～をすることができる」という意味のほか、「～してもよい」という許可の意味も表す。助動詞は〈助動詞＋動詞の原形〉の形で使われ、動詞に可能・義務などの意味合いを加える。

　助動詞にはほかに、may「～かもしれない」「～してもよい」、must「～しなければならない」、should「～するべきだ」、will「～するだろう、～するつもりだ」などがある。

> 例 You **may** be tired. （あなたは疲れているのかもしれない）【推量】
> 　I **must** do my homework. （私は宿題をしなくてはならない）【義務】
> 　You **should** read this book. （あなたはこの本を読むべきだ）【義務】
> 　Ken **will** come home by six. （健は6時までに帰宅するつもりだ）【未来】

2 受け身

◉ 「～される」＝ ［be動詞＋過去分詞］

I **was impressed** by the scene.
　「感動した」

（私はその光景に感動した）

　受け身は〈be動詞＋過去分詞〉で「～される」という意味を表す。「…によって」と行為をする人やものごとを示すときはby ... を使う。

> 例 English **is spoken** in a lot of countries.
> 　（英語は多くの国で話されている）
> 　This cake **was made** by my father.
> 　（このケーキは父によって作られた）

3 助動詞のついた受け身

◉ 「〜されるべきである」＝ ［should ＋ be ＋過去分詞］

This **should be kept** in mind.

「留めておかれるべきである」

（これは心に留めておかれるべきである）

　助動詞のついた受け身の文は、〈助動詞 ＋ be ＋過去分詞〉の形。「〜される」という受け身に助動詞の意味が付け足された表現になる。

　〈should ＋ be ＋過去分詞〉は「〜されるべきである」、〈may ＋ be ＋過去分詞〉は「〜されるかもしれない」、〈must ＋ be ＋過去分詞〉は「〜されなければならない」、〈will ＋ be ＋過去分詞〉は「〜されるだろう、〜される予定だ」の意味を表す。

例 The bike **may be used** by my brother.

（その自転車は兄［弟］によって使われるかもしれない）

The room **must be cleaned** today.

（その部屋はきょう掃除されなければならない）

The new museum **will be visited** by a lot of people.

（その新しい美術館は多くの人々によって訪れられるだろう）

確認問題

1 下線部の発音が同じものには○、違うものには×を（　　）に書き入れなさい。

(1) l<u>ea</u>sh — sc<u>e</u>ne　　　（　　　）

(2) t<u>y</u>pical — h<u>i</u>nt　　　（　　　）

(3) ob<u>s</u>erve — <u>s</u>end　　　（　　　）

(4) am<u>a</u>zing — m<u>a</u>ny　　　（　　　）

(5) adv<u>a</u>nce — n<u>a</u>turally　　　（　　　）

2 ﹇　　﹈から最も適切な語を選び、必要に応じて形を変えて（　　）に書き入れなさい。

(1) I must（　　　）to bed now.

(2) These pictures were（　　　）yesterday.

(3) The people were（　　　）by the game.

(4) The beautiful sea can be（　　　）from the window of this room.

(5) You should（　　　）that you are not alone.

realize	go	see	impress	take

3 日本語に合うように、（　　）内に適切な語を入れなさい。

(1) この問題は難しい。ヒントをください。

This question is difficult. Give me a（　　　）.

(2) あの木の陰で一休みしよう。

Let's take a rest in the（　　　）of that tree.

(3) 猫がネズミを追いかけている。

Cats are（　　　）rats.

(4) それらの植物は注意深く観察されるべきだ。

Those plants should（　　　）（　　　）carefully.

(5) 少年は、私を見たとき自然に笑った。

The boy（　　　）smiled when he saw me.

4 日本語に合うように、（　　）内に適切な語を入れなさい。

(1) まず第一に、皆さまにありがとうと言いたいです。

（　　　　）of（　　　　）, I'd like to say thank you to everyone.

(2) 私は子どもたちの絵をありのままに描いた。

I drew pictures of the children（　　　　）they（　　　　）.

(3) 犬は人間と調和して暮らしている。

Dogs live in（　　　　）（　　　　）humans.

(4) 私はおじのアドバイスを心に留めておいている。

I（　　　　）my uncle's advice in（　　　　）.

(5) 私たちは駅であなたを待っています。

We'll（　　　　）（　　　　）you at the station.

5 次の英語を日本語に訳しなさい。

(1) At first, I couldn't dance well.

_____

(2) I'll call you in advance when I want to visit you.

_____

(3) The dog is taking a walk on a leash.

_____

6 日本語に合うように、[　　]内の語句を並べかえなさい。

(1) その歌手は私に、歌を歌うことの楽しさを気づかせてくれた。

[reminded / of / the joy / me / the singer] of singing songs.

_____ of singing songs.

(2) その学校と図書館の間に公園がある。

There is [and / the school / the library / a park / between].

There is _____.

(3) その映画は多くの人々に見られるべきだ。

[be / many people / the movie / by / should / watched].

_____

7 次の会話文を読み、設問に答えなさい。

> S : As you take photos, what do you learn from cats?
>
> I : ① Cats give us some hints about our lives. For example, they always choose comfortable places. When it is cold, they go to warm places. When it is hot, they escape to the shade of a tree. ② They live (　　) (　　) (　　) nature. ③ With that hint, [can / a / humans / life / live / simple], too.
>
> S : What messages do you send through your photos?
>
> I : I hope that ④ my photos remind people of the harmony between nature and animals. Humans are also part of nature. This should be ⑤ (keep) in mind. Then, we can live together with nature and animals.

(1) 下線部①を日本語に訳しなさい。

_____

(2) 下線部②が「彼らは自然と調和して暮らしています」という意味になるように、空所に適する語を入れなさい。

_____　_____　_____

(3) 下線部③が「そのヒントにより、人間もシンプルな生活を送ることができます」という意味になるように、[　]内の語を並べかえなさい。

With that hint, _____,

too.

(4) 下線部④を日本語に訳しなさい。

_____

_____

(5) ⑤の単語を適切な形に直しなさい。

_____

(6) 会話の内容に合うように、次の質問に英語で答えなさい。

What do cats do when it is hot?

_____

Sending Canned Mackerel to Space

　宇宙日本食という言葉を聞いたことがありますか。日本人宇宙飛行士は訓練などで長い期間海外で暮らしますが、やはり日本食を食べるとほっとするそうです。そこで、宇宙でも日本食を食べて安らぎを感じてほしいという願いから、JAXA（宇宙航空研究開発機構）では宇宙日本食を開発しています。

　2021年8月現在、JAXAでは、26の会社・団体が製造した47品目が宇宙日本食として認証されています。製造者として名を連ねている会社の多くが、誰もが名前を聞いたことがあるような大手の食品会社ですが、その中でひときわ目立つのが、サバ醤油味付け缶詰を開発した福井県立若狭高等学校です。若狭高等学校の生徒たちが、小浜市田烏で養殖された新鮮なマサバを使って、この缶詰を研究開発しました。12年間、先輩から後輩へと引き継いで研究を重ね、完成したものです。どのように研究開発が行われていったのか、その背景には福井県と高校のどのような事情があったのか、また今後について生徒たちがどのように考えているのかを読み取り、あなただったらどのような研究をしてみたいか、考えてみましょう。

Section 1

教科書p.44

 読解のポイント

1. 2018年、JAXAが認証したのは何ですか。
2. HACCPとNASAとの関係はどのようなものでしょうか。

① In 2018, JAXA approved canned mackerel as space food. ② It was developed in Wakasa High School in Fukui. ③ That was the first approval for high school students. ④ How did students make space food?

⑤ The school has a marine science course. ⑥ It has facilities for processing fish. ⑦ Because Fukui is famous for its mackerel, the facilities are often used for canned mackerel production.

⑧ In 2006, the school received a special food safety certificate, HACCP. ⑨ After that, the students learned that HACCP was originally developed by NASA for space food production. ⑩ They were inspired by this fact. ⑪ In 2007, they began making plans for producing their canned mackerel as space food.

ABC 単語・語句の研究

☐ 2018	= two thousand eighteen (twenty eighteen)
☐ JAXA [dʒǽksə]	名 宇宙航空研究開発機構
☐ **approve(d)** [əprúːv(d)]	動 ～を認証する、～を承認する ▶発音に注意
☐ **canned** [kǽnd]	形 缶詰にされた、缶詰の 参考 can（缶、～を缶詰にする）
☐ mackerel [mǽkrəl]	名 サバ
☐ **develop(ed)** [divéləp(t)]	動 ～を開発する ▶アクセントに注意
☐ Wakasa High School	福井県立若狭高等学校((2013年に小浜水産高等学校と統合))
☐ **approval** [əprúːvl]	名 認可、承認 ▶発音に注意 参考 approve（～を認可［承認］する）
☐ marine [məríːn]	形 海の、海産の
☐ **facilities** [fəsílətiz] <**facility**	名 設備、施設
☐ **process(ing)** [práses(iŋ)]	動 ～を（加工）処理する

☐ be famous for 〜	〜で有名である **例** Kagawa is famous for *udon* noodles. （香川はうどんで有名である）
☐ **production** [prədʌ́kʃn]	名 製造、生産 **参考** produce（製造する、生産する）、 productive（生産的な）、product（製品）
☐ **certificate** [sərtífikət]	名 証明書　▶アクセントに注意 **参考** certify（〜を（文書で）証明する）、 certification（証明（すること））
☐ HACCP [hǽsʌp]	名 ハサップ《衛生管理の手法》
☐ NASA [nǽsə]	名 アメリカ航空宇宙局
☐ **inspire(d)** [inspáiər(d)]	動 （be inspired（by 〜）で）（〜から）着想を得る **参考** inspiration（ひらめき）

 解説

① **In 2018, JAXA approved canned mackerel as space food.**
- JAXA（宇宙航空研究開発機構）は Japan Aerospace Exploration Agency の略称。
- approve 〜 as ... で「〜を…として認証する」の意味。
- canned は can「〜を缶詰にする」の過去分詞からできた形容詞で「缶詰にされた、缶詰の」。すぐ後の mackerel を修飾している。

② **It was developed in Wakasa High School in Fukui.**
- It は前文の canned mackerel をさしている。

③ **That was the first approval for high school students.**
- That は①の「承認されたこと」全体をさす。

④ **How did students make space food?**
- How は方法・手段をたずねる疑問詞。

⑤ **The school has a marine science course.**
- The school は②の Wakasa High School のこと。

⑥ **It has facilities for processing fish.**
- It は前文の The school、つまり②の Wakasa High School のこと。

- processingは動詞process「加工する」の動名詞。
  forなどの前置詞の後に動詞を置きたいときは、ingをつけて動名詞にする。
- 💡**確認** （　　）内に適切な語を入れなさい。
  私はギターを弾くことに興味がある。
  I'm interested in (　　　) the guitar.

⑦ **Because Fukui is famous for its mackerel, the facilities are often used for canned mackerel production.**
- be famous for ～で「～で有名である」という意味になる。
- the facilitiesは⑥のfacilities for processing fishのこと。

⑧ **In 2006, the school received a special food safety certificate, HACCP.**
- HACCPはHazard Analysis and Critical Control Point（危害分析に基づく重要管理点）の頭文字をとったもので、日本語ではハサップと言われる。

⑨ **After that, the students learned that HACCP was originally developed by NASA for space food production.**
- thatは前文の内容全体をさす。
- 〈learn that + S' + V'〉で「S'がV'だと知る」という意味。
- NASA（アメリカ航空宇宙局）はNational Aeronautics and Space Administrationの頭文字をとったもの。

⑩ **They were inspired by this fact.**
- Theyは前文のthe studentsをさす。
- be inspired (by ～)で「(～から)着想を得る」という意味になる。
- this factは前文のHACCP was originally developed by NASA for space food productionという事実をさす。

⑪ **In 2007, they began making plans for producing their canned mackerel as space food.**
- producingも動名詞。前置詞の後に動詞を置くときは、動名詞にする。
- 💡**確認** （　　）内に適切な語を入れなさい。
  ア．私は昼食を食べ終えた。　　I finished (　　　) lunch.
  イ．ケントは踊るのが得意だ。　Kent is good at (　　　).

Section 2

教科書p.46

読解のポイント

1. サバの缶詰を作るうえで、1番目の困難な点は何でしたか。
2. 2番目の困難な点は何でしたか。

① The canned mackerel had to meet the requirements of JAXA. ② There were two main difficulties in making the canned mackerel.

③ The first difficulty was to make a sticky sauce. ④ When astronauts eat, liquid should not float around in the space station. After many attempts, the students found a solution. ⑤ They added *kudzu* starch to the sauce. ⑥ It finally became sticky enough.

⑦ The second difficulty was the taste. In space, astronauts' sense of taste may become dull. ⑧ So space food needs to have a strong flavor. ⑨ The students tried to figure out the best level of flavor without actually going to space. ⑩ They made many samples with different amounts of soy sauce and sugar to find the best balance. ⑪ Finally, they agreed on a recipe.

A B C 単語・語句の研究

□ **requirement(s)** [rikwáiərmənt(s)]	图 必要条件 参考 require（〜を必要とする）
□ meet the requirements	必要条件を満たす 例 The product meets the requirements. （その製品は必要条件を満たしている）
□ **difficulties** [dífikʌltiz] <**difficulty**	图 困難な点 参考 difficult（難しい）
□ **sticky** [stíki]	形 とろみのある、粘着性の
□ sticky sauce	とろみのあるソース
□ **liquid** [líkwəd]	图 液体
□ **float** [flóut]	動 浮かぶ、漂う、图 浮く［浮かべる］もの 参考 floating（浮かんでいる）
□ **attempt(s)** [ətémpt(s)]	图 試み、挑戦、動 〜を試みる
□ **solution** [səlúːʃn]	图 解決（策）
□ **starch** [stáːrtʃ]	图 でんぷん

☐ *kudzu* starch	くず粉《とろみをつけるための材料》
☐ sense of taste	味覚 **参考** 人間の知覚機能、五感 (the five senses) には sense of taste のほかに sense of eyesight (視覚)、sense of hearing (聴覚)、sense of touch (触覚)、sense of smell (嗅覚) がある。
☐ **dull** [dʌ́l]	形 鈍い
☐ **flavor** [fléivər]	名 味、風味 **参考** flavored (〜の風味をつけた)
☐ figure out 〜	〜を見つけ出す **例** At last we figured out the right answer. (ついに私たちは正しい答えを見つけ出した)
☐ **amount(s)** [əmáunt(s)]	名 (〜な) 量
☐ agree on 〜	〜を決定する、〜について合意する **例** We agreed on the schedule. (私たちはスケジュールを決定した)
☐ **recipe** [résəpi]	名 レシピ

 解説

① **The canned mackerel had to meet the requirements of JAXA.**
- meet the requirements で「必要条件を満たす」という意味を表す。

② **There were two main difficulties in making the canned mackerel.**
- 〈a difficulty in + 動名詞〉で「〜する上で困難な点」という意味になる。ここでは two main difficulties とあるので、主に 2 つの困難な点があったということ。

③ **The first difficulty was to make a sticky sauce.**
- The first difficulty は前文の There were two main difficulties 〜 . を受けて、その中の 1 番目ということ。
- to make 〜 は不定詞の名詞的用法で「〜すること」の意味。文の補語になっていて、The first difficulty = to make a sticky sauce の関係。

④ **When astronauts eat, liquid should not float around in the space station.**
- ここのeatは「食事をする」という意味の自動詞。
- float aroundで「浮かぶ、漂う」という意味になる。
  例 A balloon is floating around outside.（風船が外を漂っている）

⑤ **They added *kudzu* starch to the sauce.**
- Theyは前文のthe studentsをさす。
- add ～ to ...で「…に～を加える」という意味になる。
  例 Do you add milk to your coffee?
  （あなたはコーヒーにミルクを加えますか）

⑥ **It finally became sticky enough.**
- Itは前文のthe sauceをさす。
- ここのenoughは「十分（に）」の意味の副詞で、後ろからstickyを修飾している。

⑦ **The second difficulty was the taste.**
- ここのThe second difficultyは③のThe first difficultyに続く「2番目の困難な点」ということ。

⑧ **So space food needs to have a strong flavor.**
- Soは前の文を受けて「だから」という意味を表す接続詞。
- ここのto haveは名詞的用法の不定詞。〈need to ＋動詞の原形〉で「～する必要がある」という意味になる。
  ✎確認 （　　　　）内に適切な語を入れなさい。
  あなたは食事をする前に手を洗う必要がある。
  You need (　　　　) (　　　　) your hands before you eat.

⑨ **The students tried to figure out the best level of flavor without actually going to space.**
- 〈try to ＋動詞の原形〉で「～しようとする」という意味になる。
  ✎確認 （　　　　）内に適切な語を入れなさい。
  私はその先生に連絡を取ろうとしている。
  I'm (　　　　) (　　　　) contact the teacher.
- figure out ～は「～を見つけ出す」の意味。

- 〈without + 〜ing〉で「〜せずに」という意味になる。
  例 The man left without saying good-bye.
    （男性はさようならを言わずに去った）

⑩ **They made many samples with different amounts of soy sauce and sugar to find the best balance.**
- 〈形容詞 + amount(s) of 〜〉で「（…な）量の〜」という意味。
- to find は不定詞の副詞的用法で、「見つけるために」の意味。
- 確認 （　　）内に適切な語を入れなさい。
  私は朝食を料理するために早く起きた。
  I got up early (　　　) (　　　) breakfast.

⑪ **Finally, they agreed on a recipe.**
- they は⑨の The students をさす。
- agree on 〜で「〜を決定する、〜について合意する」の意味。

Section 3

教科書p.48

 読解のポイント

1. 若田光一さんはどのような人物で、若狭高等学校で何をしましたか。
2. 生徒の1人が今後の希望として挙げているのはどのようなことですか。

① During twelve years of trial and error, more than 300 students were involved in this project. ② After their canned mackerel was approved in 2018, Wakata Koichi, a Japanese astronaut, visited the school. ③ When he tried the product, he smiled and said, "It tastes good and goes well with rice."

④ The students' space food was launched to the ISS in 2019. ⑤ Thanks to the students, Japanese astronauts can enjoy a taste of home.

⑥ The students are happy with their accomplishment. ⑦ Yet, they are still motivated to improve their product. ⑧ One of the students said, "We still have a lot of things to try. ⑨ I hope that not only Japanese astronauts, but also foreign astronauts will enjoy our local mackerel."

ABC 単語・語句の研究

☐ **trial** [tráiəl]	图 試し、試験 **参考** try((〜を)試す)	
☐ **error** [érər]	图 誤り	
☐ trial and error	試行錯誤	
☐ **involve(d)** [inválv(d)]	動 〜を参加させる、〜を含む	
☐ be involved in 〜	〜に関わっている 例 I'm involved in the volunteer team. (私はそのボランティアチームに関わっている)	
☐ go well with 〜	〜と合う 例 Strawberries go well with yogurt. (イチゴはヨーグルトと合う)	
☐ **launch(ed)** [lɔ́:ntʃ(t)]	動 〜を打ち上げる、送り出す	
☐ ISS [áiésés]	图 国際宇宙ステーション (= International Space Station)	
☐ thanks to 〜	〜のおかげで 例 Thanks to you, I could enjoy my trip a lot. (あなたのおかげで、とても旅行を楽しめました)	

☐ be happy with ～		～に満足している
		例 I'm happy with the result of the game.
		（私は試合結果に満足している）
☐ **accomplishment**		名 達成
[əkámpliʃmənt]		参考 accomplish（～を達成する）
☐ **motivate(d)**		動（人）の意欲を起こさせる
[móutəvèit(id)]		参考 motivation（動機づけ、やる気）
☐ **improve** [imprúːv]		動 ～を改善する、改良する
		参考 improvement（改善、改良、進歩）
☐ not only ～ but also ...		～だけでなく…も
		例 Tom speaks not only English but also Japanese.
		（トムは英語だけでなく日本語も話す）

解説

① **During twelve years of trial and error, more than 300 students were involved in this project.**
- trial and error は「試行錯誤」の意味。
- 〈more than + 数字〉で「～より多い、～超」という表現になる。
- be involved in ～で「～に関わっている」の意味。

② **After their canned mackerel was approved in 2018, Wakata Koichi, a Japanese astronaut, visited the school.**
- Wakata Koichi = a Japanese astronaut の関係になっている。

③ **When he tried the product, he smiled and said, "It tastes good and goes well with rice."**
- ここの tried（＜ try）は「試食する」。the product と" "の中の It は前文の their canned mackerel をさす。
- go well with ～は「～と合う」の意味。

④ **The students' space food was launched to the ISS in 2019.**
- The students' space food は前文の the product、つまり②の their canned mackerel をさす。

⑤ **Thanks to the students, Japanese astronauts can enjoy a taste of home.**
- thanks to 〜は「〜のおかげで」の意味。
- この home は「故郷」の意味。a taste of home で「故郷の味」ということ。

⑥ **The students are happy with their accomplishment.**
- be happy with 〜で「〜に満足している」の意味。

⑦ **Yet, they are still motivated to improve their product.**
- they は前文の The students のこと。
- 〈be motivated to ＋動詞の原形〉で「〜する意欲がある」という意味になる。
- their product は②の their canned mackerel のこと。

⑧ **One of the students said, "We still have a lot of things to try.**
- 〈one of the ＋名詞の複数形〉で「〜の 1 つ［1 人］」の意味。
- to try は「試みるべき」という意味の不定詞の形容詞的用法で、直前の名詞 (a lot of) things を修飾している。
- ✐ 確認 （　　　）内に適切な語を入れなさい。
  ロンドンには訪れるべき場所がたくさんある。
  There are a lot of places （　　　）（　　　） in London.

⑨ **I hope that not only Japanese astronauts, but also foreign astronauts will enjoy our local mackerel."**
- not only 〜 but also ... で「〜だけでなく…も」という意味になる。

文型と文法の解説

1 動名詞

◉「〜すること」=[〜ing]

It has facilities for **processing** fish.

「加工すること」

(そこ（＝若狭高等学校）には魚を加工するための設備がある)

　動詞にingをつけると「〜すること」という意味になり、名詞の役割をする。これを「動名詞」という。スイミング（swim→swimming）、ジョギング（jog→jogging）など、日本語になっているものも多い。

　動名詞は前置詞や動詞の目的語になるほか、文の主語、補語になる。

例 I'm tired of **waiting**.（私は待つことに飽きている）【前置詞の目的語】

I enjoyed **playing** tennis.（私はテニスをして楽しんだ）【動詞の目的語】

Making cakes is a lot of fun.（ケーキを作ることはとても楽しい）【主語】

My hobby is **drawing** pictures.（私の趣味は絵を描くことだ）【補語】

2 to不定詞の名詞的用法

◉「〜すること」=[to＋動詞の原形]

The first difficulty was **to make** a sticky sauce.

「作ること」

(最初の困難な点はとろみのあるソースを作ることだった)

　不定詞は名詞の働きをして「〜すること」という意味を表す。名詞の働きをする不定詞は、文の主語や補語、動詞の目的語になる。

　「〜すること」という意味は動名詞と同じで、文の主語や補語では動名詞とto不定詞のどちらも同じように使うことができる。ただし、前置詞の目的語になるのは動名詞のみで、to不定詞は使えない。また、動詞によって、to不定詞のみを目的語にとるもの、動名詞のみを目的語にとるもの、両方とるものがある。

　動名詞のみ…finish、enjoy、stopなど

　不定詞のみ…want、hope、decideなど

　両方…like、love、begin、startなど

例 **To write** kanji is difficult for Ann.
（漢字を書くことはアンにとって難しい）【主語】
My dream is **to be** a singer.（私の夢は歌手になることだ）【補語】
I decided **to buy** the bike.
（私はその自転車を買うことを決めた）【動詞の目的語】

3 to不定詞の副詞的用法

◉ 「～するために」＝［to＋動詞の原形］
They made many samples <u>**to find**</u> the best balance.
「見つけるために」

（彼らは最高のバランスを見つけるために、たくさんのサンプルを作った）

　不定詞は副詞の働きをして、「～するために」という目的を表す。また、「～して」という感情の原因を表すこともある。

例 Bill went to the supermarket **to buy** some milk.【目的】
（ビルは牛乳を買うためにスーパーマーケットに行った）
I'm happy **to get** the shoes.【感情の原因】
（私はその靴を手に入れてうれしい）

4 to不定詞の形容詞的用法

◉ 「～するべき［するための］…」＝［名詞（…）＋to＋動詞の原形（～）］
We still have <u>a lot of things</u> **to try**.
「試みるべき」

（私たちにはまだ試みるべきたくさんのことがある）

　不定詞は形容詞の働きをすることもある。直前の名詞や代名詞を修飾して「～するべき…」「～するための…」という意味を表す。

例 I have three e-mails **to write**.
（私には書くべきEメールが3通ある）
I want something **to drink**.
（私は何か飲み物（＝飲むための物）がほしい）

49

確認問題

1 下線部の発音が同じものには○、違うものには×を ( ) に書き入れなさい。

(1) appr<u>o</u>ve — bec<u>o</u>me   ( )

(2) diffic<u>u</u>lty — sol<u>u</u>tion   ( )

(3) fl<u>oa</u>t — m<u>o</u>tivate   ( )

(4) fl<u>a</u>vor — c<u>a</u>nned   ( )

(5) mar<u>i</u>ne — agr<u>ee</u>   ( )

2 ☐ から最も適切な語を選び、必要に応じて形を変えて ( ) に書き入れなさい。ただし1語とは限らない。

(1) I want ( ) a professional soccer player.

(2) I've finished ( ) my homework.

(3) I have two books ( ).

(4) I was excited ( ) the game.

(5) I went to the airport ( ) my uncle.

do	win	meet	be	read

3 日本語に合うように、( ) 内に適切な語を入れなさい。

(1) その製品は日本で開発された。

The product was ( ) in Japan.

(2) ロケットが宇宙へと打ち上げられた。

A rocket was ( ) into space.

(3) 私はピザソースを作るのに缶詰のトマトを使った。

I used ( ) tomatoes to make pizza sauce.

(4) そのホテルにはすばらしい施設があり、スタッフがいる。

The hotel has great ( ) and staff.

(5) 少女は解決策を見つけようと一生懸命努力した。

The girl tried hard to find a ( ).

4 日本語に合うように、( )内に適切な語を入れなさい。

(1) 私たちはその猫の名前を決定した。

We ( ) on the name of the cat.

(2) オーストラリアは独特な動物で有名だ。

Australia is ( ) ( ) its unique animals.

(3) 私たちは勝つ方法を見つけ出さなければならない。

We have to ( ) ( ) a way to win.

(4) 必要条件を満たすために私は何をすべきですか。

What should I do to ( ) the ( )?

(5) コーチのおかげで，私たちはいいチームになった。

( ) ( ) the coach, we became a good team.

5 次の英語を日本語に訳しなさい。

(1) Coffee goes well with chocolate.

_____

(2) The woman has a good sense of taste.

_____

(3) I was inspired by the book.

_____

6 日本語に合うように、[ ]内の語句を並べかえなさい。

(1) スミスさんは彼女の新しい車に満足している。

[car / Ms. Smith / with / new / is / her / happy].

_____

(2) たくさんの生徒がその祭りに関わっている。

[festival / involved / students / the / are / a lot of / in].

_____

(3) 母だけでなく父も夕食を料理する。

[but / my mother / only / my father / dinner / not / also / cooks].

_____

7 次の英文を読み、設問に答えなさい。

The canned mackerel had to meet the requirements of JAXA. There were ①two main difficulties in ②(make) the canned mackerel.

The first difficulty was to make a sticky sauce. When astronauts eat, liquid should not float around in the space station. After many attempts, the students found a solution. They added *kudzu* starch to the sauce. It finally became sticky enough.

The second difficulty was the taste. In space, astronauts' sense of taste may become dull. So ③ space food needs to have a strong flavor. ④The students (　　) (　　) (　　) out the best level of flavor without actually going to space. They made many samples with different amounts of soy sauce and sugar ⑤[best / the / find / to / balance]. Finally, they agreed on a recipe.

(1) 下線部①がさすものを、日本語で簡潔に書きなさい。

_____　_____

(2) ②の単語を適切な形に直しなさい。　_____

(3) 下線部③を日本語に訳しなさい。

_____

(4) 下線部④が「生徒たちは最高の味付けを見つけ出そうとした」という意味になるように、空所に適する語を入れなさい。

_____　_____　_____

(5) 下線部⑤が「最高のバランスを見つけるために」という意味になるように、[ ]内の語を並べかえなさい。

_____

(6) 英文の内容に合うように、次の質問の答えとなる文を本文から抜き出して書きなさい。

What did the students do to make a sticky sauce?

_____

Messages from
Winnie-the-Pooh

『クマのプーさん』の本を読んだことはありますか。

本そのものを読んだことはなくても、かわいい子グマのキャラクターは見たことがあるかもしれません。

『クマのプーさん』の作者であるイギリスの作家A.A.ミルンは、幼いころから作家志望でした。風刺雑誌の副編集長として勤務したのち、第一次世界大戦のフランス出征を経て作家生活に入り、大人向けの劇や小説、随筆などを数多く発表します。

息子のクリストファー・ロビンが3歳のころ、ミルンはクリストファーのためにいくつもの童謡を作り、それは童謡集として出版されました。そしてもう少し大きくなると、クリストファーを主人公とした物語、『クマのプーさん』を作ったのです。

ぬいぐるみのクマ、プーさんとクリストファー・ロビン、そして森の動物たちが登場するこの本は1926年に発表され、大人気となりました。多くの言語にも翻訳されて、およそ1世紀たった今でも世界中の子どもと大人に愛されています。

クマのプーさんの物語には、ミルンのどのような気持ちが込められているのでしょうか。クリストファーとプーたちの交流を通して、考えながら読んでみましょう。

Section 1

教科書 p.56

 読解のポイント

1. 生徒が紹介している本のタイトルと主人公、作者の名前は何でしょうか。
2. 作者はもともと、誰のためにこの本のキャラクターたちを作ったでしょうか。

① Today, I'd like to introduce one of my favorite books, *Winnie-the-Pooh*. ② I have read this book many times since I was a child.

③ The book was written by A. A. Milne, a British author, in 1926. ④ It is about Winnie-the-Pooh and his friends. Pooh spends his days in a forest with Christopher Robin, Piglet, Eeyore, and some other animals. ⑤ Every character is unique.

⑥ How did the author create these characters? ⑦ Milne had a son, Christopher Robin. ⑧ Christopher Robin played with many stuffed animals. ⑨ He and the stuffed animals became models for the characters in the book. ⑩ The book has been popular around the world for about 100 years.

ⒶⒷⒸ 単語・語句の研究

☐ Winnie-the-Pooh [wíniðəpúː]	名『クマのプーさん』((本の題名))、ウィニー・ザ・プー((キャラクターの名前))
☐ A. A. Milne [éi éi míln]	名 A. A. ミルン (1882〜1956)
☐ **author** [ɔ́ːθər]	名 著者、作家
☐ 1926 [nàintíːn twénti síks]	= nineteen twenty six
☐ Christopher Robin [krístəfər rábən]	名 クリストファー・ロビン((ミルンの息子で、『クマのプーさん』にも登場する))
☐ Piglet [píɡlət]	名 ピグレット((キャラクターの名前))
☐ Eeyore [íːjɔːr]	名 イーヨー((キャラクターの名前))
☐ **character** [kærəktər]	名 (登場)人物、キャラクター ▶発音に注意
☐ **create** [kriéit]	動 〜を創造する、生み出す [参考] creative (創造的な)
☐ **stuffed** [stʌ́ft]	形 詰め物をした [参考] stuff (〜に詰め物をする)
☐ **model(s)** [mádl(z)]	名 モデル

解説

① **Today, I'd like to introduce one of my favorite books,**
   Winnie-the-Pooh.
   - 〈one of +特定の複数名詞〉は「～の1つ[1人]」という意味。「特定の複数名詞」とは〈所有格 [the] +複数名詞〉や them など。

   例 One of my friends is from China. （私の友だちの1人は中国出身だ）
   - one of my favorite books「私のお気に入りの本の1つ」と *Winnie-the-Pooh* 『クマのプーさん』が同格の関係になっている。
   - 英語では、本のタイトルは *Winnie-the-Pooh* のようにイタリック体で表す。

② **I have read this book many times since I was a child.**
   - 〈have +過去分詞〉で「～したことがある」という経験を表す現在完了の文。ここの read は過去分詞で、read[réd] と発音する。
   - many times は「何度も」。〈数字+ times〉で「～回、～度」という経験回数を表す。
   - 〈since + S' + V'〉で「S'が V'した[だった]ころから」という意味になる。

   確認 （　　　）内に適切な語を入れなさい。
   私はニューヨークを3回訪れたことがある。
   I (　　　) (　　　) New York three times.

③ **The book was written by A. A. Milne, a British author, in**
   1926.
   - 受け身の文。by のあとの動作主のところは、A. A. Milne = a British author。
   - The book は *Winnie-the-Pooh* のこと。

④ **It is about Winnie-the-Pooh and his friends.**
   - It は前文の The book、つまり *Winnie-the-Pooh* をさす。

⑤ **Every character is unique.**
   - every は「どの～も」という意味で、全体を構成する個々に注目した形容詞。続く名詞が単数形になることに注意。

   例 Every student in the class goes to cram school.
   （クラスのどの生徒も塾に通っている）

⑥ **How did the author create these characters?**
- the author は A. A. Milne。these characters は、Winnie-the-Pooh とその友人たち Christopher Robin, Piglet, Eeyore, and some other animals のこと。

⑦ **Milne had a son, Christopher Robin.**
- a son と Christopher Robin が同格の関係になっている。

⑧ **Christopher Robin played with many stuffed animals.**
- stuffed animals は「詰め物をした動物」つまり「ぬいぐるみ」。

⑨ **He and the stuffed animals became models for the characters in the book.**
- He は前文の Christopher Robin のこと。
- He and the stuffed animals(S) became(V) models for the characters in the book(C). の文型。

⑩ **The book has been popular around the world for about 100 years.**
- The book は *Winnie-the-Pooh* のこと。
- 現在完了の文。〈has[have] been + 形容詞〉で「(ずっと)〜である」という継続の意味を表す。
  例 It has been cold since last week. （先週からずっと寒い）
- 〈for + 期間を表す言葉〉で「〜(の)間」という継続期間を表す。
- 確認 （　　）内に適切な語を入れなさい。
  私たちはこの家に10年間住んでいる。
  We (　　　) (　　　) in this house for 10 years.

56

Section 2

教科書 p.58

 読解のポイント

1. 物語の中で、プーとピグレットが見つけた足跡は誰のものだったでしょうか。
2. ここに挙げられた例から、話し手の生徒が受け取ったメッセージはどんなものか考えてみよう。

Recently I read *Winnie-the-Pooh* again. ₁ Then I found some new messages in the book.

₂ Here is one example. ₃ Pooh and Piglet find footsteps in the snow and follow them around a tree. ₄ They wonder, "Whose footsteps are these?" ₅ They have been walking around the tree. ₆ After a while, they realize that the footsteps are their own. ₇ Pooh gets disappointed with himself and says to Christopher nearby, "I have been foolish, and I am a bear of no brain at all." ₈ Christopher responds, "You're the best bear in all the world."

₉ Christopher probably means, "Don't worry. I like you as you are." ₁₀ The characters in this book all respect each other and accept others as they are.

A B C 単語・語句の研究

☐ **footstep(s)** [fútstèp(s)]	名 足跡　▶アクセントに注意	
☐ **after a while**	しばらくして	
☐ **disappointed** [dìsəpɔ́intid]	形 がっかりした、失望した 参考 disappoint（～を失望させる）	
☐ **get disappointed with ～**	～にがっかりする 例 I got disappointed with myself. （私は自分自身にがっかりした）	
☐ **nearby** [nìərbái]	形 近くの	
☐ **foolish** [fúːliʃ]	形 ばかな	
☐ **brain** [bréin]	名 知能	
☐ **respond(s)** [rispánd(z)]	動 答える、返答する 参考 response（答え、返答）	
☐ **probably** [prɑ́bəbli]	副 たぶん	
☐ **accept** [əksépt]	動 ～を受け入れる	

解説

① **Then I found some new messages in the book.**
- Then「そのとき」は、前文の「『クマのプーさん』を再読した」ときをさす。

② **Here is one example.**
- Here is ～.は「ここに～がある」。この後にnew messagesの具体例が続く。
- 例 Here is your key.（ここにあなたの鍵がありますよ）

③ **Pooh and Piglet find footsteps in the snow and follow them around a tree.**
- Pooh and Pigletが主語で、その後にandでつないで2つの〈V + O〉（find(V) footsteps(O) in the snowとfollow(V) them(O) around a tree）が続く。
- themはfootstepsのこと。

④ **They wonder, "Whose footsteps are these?"**
- Theyは Pooh and Pigletのこと。

⑤ **They have been walking around the tree.**
- 〈have been + ～ing〉は「ずっと～し（続け）ている」という現在完了進行形。過去から現在まで継続している動作を表す。
- ✎ 確認 （　　　）内に適切な語を入れなさい。
  その少年たちは2時間サッカーをし続けている。
  The boys have (　　　) (　　　) soccer for two hours.

⑥ **After a while, they realize that the footsteps are their own.**
- after a whileは「しばらくして」。
- 〈realize (that) + S' + V'〉で「S'がV'だと気づく」

⑦ **Pooh gets disappointed with himself and says to Christopher nearby, "I have been foolish, and I am a bear of no brain at all."**
- get disappointed with ～で「～にがっかりする」。
- 〈have[has] been + 形容詞〉で「ずっと～だ」と、過去から現在まで続いている状態を表す現在完了の表現になる。

✐ 確認 （　　）内に適切な語を入れなさい。

父は先月からずっと忙しい。

My father (　　　) (　　　) busy since last month.

⑧ **Christopher responds, "You're the best bear in all the world."**

● ここの You は Winnie-the-Pooh のこと。

⑨ **Christopher probably means, "Don't worry. I like you as you are."**

● I(S) like(V) you(O) のあとに続く as は、「～のように、～のような」と様態を表す接続詞。ここでの as you are は「（あなたが）そうであるような」→「ありのままの」という意味になる。

⑩ **The characters in this book all respect each other and accept others as they are.**

● The characters in this book と all が同格で文の主語。その後に、and でつないで 2 つの 〈V + O〉（respect(V) each other(O) と accept(V) others(O) as they are）が続く。

Section 3
教科書 p.60

 読解のポイント

1. クリストファーがしばらくプーに会えなくなるのはなぜですか。
2. 『プー横丁にたった家』のエピソードにこめられたメッセージは何か考えてみよう。

₁ I also read *The House at Pooh Corner*. ₂ The book has heartwarming messages, too.

₃ The last episode is especially moving. ₄ Christopher tells Pooh that he cannot see Pooh for a while because he has to start school. ₅ Christopher says, "Pooh, promise you won't forget about me, ever. ₆ Not even when I'm a hundred." ₇ Pooh asks, "How old will I be then?" ₈ Christopher answers, "Ninety-nine." ₉ Then Pooh says, "I promise." ₁₀ This interaction shows that real friendships last for a long time.

₁₁ I had not noticed these messages until I read the books again. ₁₂ Both of the books have meaningful messages for us, high school students.

ⒶⒷⒸ 単語・語句の研究

☐ **heartwarming** [há:rtwɔ̀:rmiŋ]	形 心温まる ▶アクセントに注意 参考 heart（心）、warm（〜を温かくする）	
☐ **episode** [épəsòud]	名 エピソード	
☐ **moving** [múːviŋ]	形 感動させる 参考 move（〜を感動させる）	
☐ **for a while**	しばらく（の間） 例 Can you wait here for a while? （ここでしばらくの間待っていてくれますか）	
☐ **promise** [prάməs]	動 〜ということを約束する 参考 promise（約束）、promising（前途有望な）	
☐ **not 〜 ever**	どんなことがあっても絶対に〜ない 例 I won't leave you ever. （どんなことがあっても絶対に離れない）	
☐ **forget about 〜**	〜のことを忘れる 例 Don't forget about your dream. （あなたの夢のことを忘れないで）	

□ interaction [ìntərǽkʃn]	名 やりとり、交流 参考 interact（〜と交流する）、interactive（相互に作用しあう）
□ for a long time	長い間 例 I have lived in this town for a long time. （私は長い間この町に住んでいる）
□ notice(d) [nóutəs(t)]	動 〜に気づく
□ meaningful [mí:niŋfl]	形 意味深い 参考 mean（〜を意味する）、meaning（意味）

 解説

① **I also read _The House at Pooh Corner_.**
- ここのread は過去形。[réd]と発音する。
- _The House at Pooh Corner_ は _Winnie-the-Pooh_ の続編で、邦題は『プー横丁にたった家』。

② **The book has heartwarming messages, too.**
- The book は _The House at Pooh Corner_ のこと。

③ **The last episode is especially moving.**
- especially は形容詞の前に置き、「特に」と強調する。

④ **Christopher tells Pooh that he cannot see Pooh for a while because he has to start school.**
- 〈tell + O + that + S' + V'〉で「S'がV'だとOに言う、伝える」という文になる。he がS'、cannot see がV'、Pooh がO。
- for a while は「しばらく（の間）」。

⑤ **Christopher says, "Pooh, promise you won't forget about me, ever.**
- ここはChristopher のせりふで、文の最初のPooh, は呼びかけ。
- 〈promise + (that) + S' + won't +動詞の原形〉で「S'が〜しないと約束する」。ここでは命令文になっている。

- not ～ ever は「どんなことがあっても絶対に～ない」。
- forget about ～は「～のことを忘れる」。

⑥ **Not even when I'm a hundred."**

- even は「～であっても」。例外的な条件のとき（ここでは自分（= Christopher）が100歳になったとき）でさえも、という意味を表す。

  例 They play soccer even in the rain.
  （彼らは雨の中でさえもサッカーをする）

⑦ **Pooh asks, "How old will I be then?"**

- How old ～? は年齢をたずねる言い方。
- then は前文の when I'm a hundred、つまり Christopher が100歳になったとき。

⑧ **Christopher answers, "Ninety-nine."**

- Ninety-nine. は前文の How old ～? に対する答えで、You(= Pooh) will be ninety-nine years old. ということ。

⑨ **Then Pooh says, "I promise."**

- I promise. は⑤で Christopher が言った promise you won't forget about me, ever というせりふに対する答えで、I promise (that) I won't forget about you(= Christopher). ということ。

⑩ **This interaction shows that real friendships last for a long time.**

- This interaction は⑤～⑨にかけての Christopher と Pooh とのやりとりをさす。
- 〈show that + S' + V'〉で「S'がV'だということを示す」という意味になる。real friendships がS'、last「続く」がV'。
- last はここでは「続く」という意味の動詞。
- for a long time は「長い間」。

⑪ **I had not noticed these messages until I read the books again.**

- 〈had + 過去分詞 (+ until ...)〉で「(…（過去のある時点）までに) ～していた」という過去完了の文になる。否定文は、had のあとに not を置く。

✎ 確認 ( ) 内に適切な語を入れなさい。

ア．私は昨日まで祖父の家に滞在していた。

I ( ) stayed with my grandfather until yesterday.

イ．トムは日本に来るまで納豆を食べたことがなかった。

Tom ( ) ( ) natto until he came to Japan.

● 〈until + S' + V'〉で「S'がV'するまで（ずっと）」という意味になる。

例 We'll wait for you until you come.

（私たちはあなた（たち）が来るまで待っています）

⑫ **Both of the books have meaningful messages for us, high school students.**

● 〈both of the [所有格] + 名詞の複数形〉で「どちらの〜も、〜は両方」という意味になる。

例 Both of my parents are teachers.

（私の両親はどちらも教師だ）

● us と high school students は同格。

文型と文法の解説

● ●

1 現在完了形

◉「(現在までに) 〜したことがある」など＝［have ＋過去分詞］

I **have read** this book many times since I was a child.
「読んだことがある」(経験)

（私は子どもの頃から何度もこの本を読んだことがある）

　現在完了形は、過去のある時点から現在まで関係している動作・状態（経験、完了・結果、継続）について表す表現である。主語が三人称単数のときは〈has ＋過去分詞〉の形にする。

● 経験「(現在までに) 〜したことがある」
　I **have played** golf once.（私は1回ゴルフをしたことがある）
　　　過去から現在までの間に1回したことがあるという「経験」を表している。「経験」を表す文では、once「1回」、〈数字＋ times〉「〜回」、many times「何度も」などの回数を示す語句がよく使われる。
　　　また、否定文にするときは never（1回も〜ない）を使う。
　I **have never played** golf.（私は1回もゴルフをしたことがない）
● 継続「〜し続けている」
　The book **has been** popular for about 100 years.
　（その本はおよそ100年間人気であり続けている）
　　　100年間ずっと人気だという「継続」を表している。「継続」を表す文では、for 〜「〜(の)間」や since 〜「〜から、〜以来」がよく使われる。
● 完了・結果「(今までに) 〜してしまった」
　I **have** already **finished** my homework. So I'm free.
　（すでに宿題を終えた。だからひまだ）
　　　宿題を終えるという行動が「完了」し、その結果が今も続いていることを表す。「完了」を表す文では、already「もう、すでに」や just「ちょうど」がよく使われる。なお、疑問文や否定文では yet「もう、まだ」が使われる。
　Have you **finished** your homework yet?
　（あなたはもう宿題を終えましたか）
　I **haven't finished** my homework yet. So I have to do it.
　（まだ宿題を終えていない。だからそれをやらなければならない）

2 現在完了進行形

◉ 「(以前から現在も含めて)〜し続けている」=［have + been +〜ing］
They **have been walking** around the tree.
　　　「歩き続けている」
(彼らはその木の周りを歩き続けている)

　現在完了進行形は、過去から現在まで動作を続けていることを表す。for 〜「〜(の)間」や since 〜「〜から、〜以来」がよく使われる。
　例 The boy **has been reading** a book for two hours.
　　(その少年は2時間本を読み続けている)

3 過去完了形

◉ 「(…までに)〜していた」=［had + 過去分詞］
I **had not noticed** these messages until I read the books again.
「気づかなかった」(継続)
(私はその本をもう一度読むまでこれらのメッセージに気づかなかった)

　過去完了形は、過去のある時点が、さらにさかのぼった過去の動作や状態と関係していることを表す。until「〜まで(ずっと)」、before「〜の前に」や when「〜したとき」がよく一緒に使われる。

● 継続「〜し(続け)ていた」
　Mr. Smith **had lived** in Tokyo until last year.
　(スミスさんは去年まで東京に住んでいた)
　　去年という過去の一時点まで住み続けていたという「継続」を表している。
● 経験「(過去の一時点までに)〜したことがある」
　Emma **hadn't seen** sumo before she came to Japan.
　(エマは日本に来る前には相撲を見たことがなかった)
　　日本に来たという過去の一時点までの「経験」を表している。
● 完了・結果「(過去の一時点までに)〜してしまった」
　My sister **had** already **left** home when I got up.
　(私が起きたとき、姉[妹]はもう家を出発してしまっていた)
　　私が起きたという過去の時点で、姉[妹]がすでに出発してしまっていたという「完了・結果」を表している。

65

確認問題

1 下線部の発音が同じものには○、違うものには×を（　　　）に書き入れなさい。

(1) m<u>o</u>del — pr<u>o</u>bably 　　　　（　　　）

(2) st<u>u</u>ffed — <u>o</u>ther 　　　　（　　　）

(3) m<u>o</u>ving — n<u>o</u>tice 　　　　（　　　）

(4) <u>ch</u>aracter — <u>Ch</u>ristopher 　　　　（　　　）

(5) b<u>ea</u>r — m<u>ea</u>ningful 　　　　（　　　）

2 ［＿＿＿＿］から最も適切な語を選び、（　　）に書き入れなさい。

(1) I（　　　　）I'll come back.

(2) Did you（　　　　）the poster on the wall of the classroom?

(3) Don't be（　　　　）. Calm down.

(4) We ate lunch at a restaurant（　　　　）.

(5) The concert was（　　　　）. I was so glad to see it.

> nearby　　promise　　foolish　　moving　　notice

3 日本語に合うように、（　　）内に適切な語を入れなさい。

(1) 私たちはちょうど駅に到着したところだ。

We（　　　　）just（　　　　）at the station.

(2) 昨夜からずっと雪が降っている。

It has（　　　　）（　　　　）since last night.

(3) 私は富士山に2回登ったことがある。

I（　　　　）（　　　　）Mt. Fuji twice.

(4) ブラウンさんはきのうから具合が悪い。

Ms. Brown（　　　　）（　　　　）sick since yesterday.

(5) スタジアムに着いたとき、試合はもう始まっていた。

When I got to the stadium. the game（　　　　）already（　　　　）.

4 日本語に合うように、（　　）内に適切な語を入れなさい。

(1) ビルは父親の言葉にがっかりした。

Bill got（　　　）（　　　）his father's words.

(2) 私はこの旅のことを忘れない。

I won't（　　　）（　　　）this trip.

(3) しばらくして、ケイトは散歩に出かけた。

（　　　）a（　　　）, Kate went for a walk.

(4) 意味深いアドバイスをありがとうございます。

Thank you for your（　　　）advice.

(5) たぶんエマは今、家にいる。

Emma is（　　　）at home now.

5 次の英語を日本語に訳しなさい。

(1) We have been friends for a long time.

_____

(2) You haven't answered my question yet.

_____

(3) The author created a lot of great stories.

_____

6 日本語に合うように、[　　]内の語句を並べかえなさい。

(1) 彼らは30分間走り続けている。

[have / running / they / thirty / been / for] minutes.

_____ minutes.

(2) 私たちは去年からトムを知っている。

[known / last / Tom / we / since / have] year.

_____ year.

(3) 私は寝る前にその本を読み終えた。

[before / had / reading / I / I / went / the book / finished] to bed.

_____ to bed.

7 次の英文を読み、設問に答えなさい。

Today, I'd like to introduce one of my favorite books, *Winnie-the-Pooh*. ①[this book / have / many / I / times / read] since I was a child.

②The book was ③(write) by A. A. Milne, a British author, in 1926. It is about Winnie-the-Pooh and his friends.　Pooh spends his days in a forest with Christopher Robin, Piglet, Eeyore, and some other animals. ④Every character is unique.

⑤How did the author create these characters?　Milne had a son, Christopher Robin.　Christopher Robin played with many stuffed animals. He and the stuffed animals became models for the characters in the book. ⑥The book has been popular around the world for about 100 years.

(1) 下線部①が「私はこの本を何度も読んだことがあります」という意味になるように、[　]内の語句を並べかえなさい。

_____

(2) 下線部②は何をさすか。本文から抜き出して書きなさい。

_____

(3) ③の単語を適切な形に直しなさい。　　　　_____

(4) 下線部④がさすものを4つ、本文から抜き出して書きなさい。(それぞれ1語とは限らない)

_____　_____

_____　_____

(5) 下線部⑤を日本語に訳しなさい。

_____

_____

(6) 下線部⑥を日本語に訳しなさい。

_____

_____

Endangered Languages

　endangeredは「消滅の危機にある、絶滅の危機に瀕した」という意味。トラやサイなど、絶滅の危機にある動物（endangered animals）についての話は聞いたことがあるかもしれません。実は、地球上では動物だけでなく、多くの言語（languages）も消滅の危機にあります。

　言語はそれを話す人々の生活や文化と密接に関係しています。例えば、英語ではriceの1語で表す「米」も、日本語だと植物としては「イネ」、収穫して炊く前は「米」、炊いたら「ごはん」などと使いわけるのがふつうです。これは、長い歴史を通じて日本人にとって米が非常に身近な存在であったということを意味します。同じように、狩猟をする民族の言語では狩猟にまつわる語彙が豊かです。

　つまり、言語が消滅してしまうということは、その言語を生み出した文化そのものを表現できなくなり、消滅するということにもつながっていくのです。言語そして文化の多様性を守るために、私たちにできることはあるでしょうか。高校生による言語学者へのインタビューを読んで、考えてみましょう。

Section 1

教科書p.72

 読解のポイント

1. 世界にはいくつの言語があるでしょうか。
2. 言語が生活様式とつながっている例として、アルタ語には どんな特徴がありますか。

Student 1 : ① How many languages are there in the world?

Linguist : ② There are about 7,000. ③ But about 40% of them are endangered languages. ④ One of them is Arta in the Philippines. Arta people live on Luzon Island. ⑤ There are only about 15 people who speak the language fluently.

S₁ : ⑥ Can you tell me more about Arta?

L : Traditionally, Arta people are hunters. ⑦ So they have several words which express types of hunting. ⑧ For example, the word "*bugay*" means to go hunting with hunting dogs. ⑨ The word "*purab*" means to go hunting without dogs.

S₁ : That's interesting.

L : ⑩ Language is tightly connected with people's lifestyles.

A B C 単語・語句の研究

☐ endangered [indéindʒərd]	形 消滅の危機にある、絶滅の危機に瀕した 参考 endanger（～を危険にさらす）、danger（危険）、dangerous（危険な）
☐ linguist [líŋgwəst]	名 言語学者　▶発音に注意 参考 linguistic（言語学（上）の）、linguistics（言語学）
☐ 7,000	= seven thousand
☐ 40%	= forty percent
☐ Arta [áːrtə]	名形 アルタ語［人］（の）
☐ Philippines [fíləpìːnz]	名 (the Philippinesで) フィリピン ▶アクセントに注意
☐ Luzon Island [luːzán áilənd]	名 ルソン島（フィリピンの島）
☐ fluently [flúːəntli]	副 流ちょうに 参考 fluent（流ちょうな）、fluency（流ちょうさ）

☐ traditionally [trədíʃnəli]	副 伝統的に 参考 tradition（伝統）、traditional（伝統的な）	
☐ **hunter(s)** [hʌ́ntər(z)]	名 猟師 参考 hunt（狩りをする）	
☐ **hunting** [hʌ́ntiŋ]	名 狩り	
☐ *bugay*	ブガイ	
☐ go hunting	狩りに行く 例 The man went hunting in the woods. （男性は森へ狩りに行った）	
☐ hunting dog	猟犬	
☐ *purab*	プラブ	
☐ tightly [táitli]	副 強く、しっかりと 参考 tight（強い、しっかりした）	
☐ **connected** [kənéktid]	形 接続した、つながった	
☐ be connected with ～	～とつながっている 例 Humans are connected with nature. （人間は自然とつながっている）	

 解説

① **How many languages are there in the world?**
- 〈How many＋名詞の複数形 ～?〉は「いくつ～」と数をたずねる疑問文。
- Are[Is] there ～?は「～がありますか[いますか]」とたずねる言い方。

② **There are about 7,000.**
- There are ～.は「～がある[いる]」の意味。
- 7,000のあとに、前文の質問文にあるlanguagesが省略されている。

③ **But about 40% of them are endangered languages.**
- themは前文の7,000 (languages)をさす。

④ **One of them is Arta in the Philippines.**
- 〈one of＋（代）名詞の複数形〉で「～の1つ」という意味。
- themは前文のendangered languagesをさす。

71

⑤ **There are only about 15 people who speak the language fluently.**

- 主格の関係代名詞whoを使った文。who ～ fluentlyの部分が直前の名詞15 peopleを説明している。whoは、先行詞（直前の名詞）が人のときに使われる関係代名詞。whoの代わりにthatを使うこともできる。

　🖉**確認**　（　　　）内に適切な語を入れなさい。
　私にはオーストラリアに住む友だちがいる。
　I have a friend (　　　) lives in Australia.

⑥ **Can you tell me more about Arta?**

- Can you tell me ～?で「～を話して［教えて］くれますか」と依頼する文。
- ここのmoreは「もっと多くのこと」という意味の名詞。

⑦ **So they have several words which express types of hunting.**

- theyは前文のArta peopleをさす。前文でArta people = huntersと述べていることを受けて、So「だから」と、この文の内容に続いている。
- whichは主格の関係代名詞で、which ～ huntingの部分が直前の名詞several wordsを説明している。whichは、先行詞（直前の名詞）がもののときに使われる関係代名詞。whichの代わりにthatを使うこともできる。

　🖉**確認**　（　　　）内に適切な語を入れなさい。
　ポールはドアが4つある車を運転します。
　Paul drives a car (　　　) has four doors.

⑧ **For example, the word "*bugay*" means to go hunting with hunting dogs.**

- For exampleは具体例を挙げるときの言い方。
- 〈mean to ＋動詞の原形〉で「～することを意味する」。
- 〈go ＋ ～ing〉で「～しに行く」という意味になる。go huntingは「狩りに行く」。

⑨ **The word "*purab*" means to go hunting without dogs.**

- 前の文のthe word以降と対になっている。アルタ語の狩りの種類を表す言葉のもう1つの例。

⑩ **Language is tightly connected with people's lifestyles.**

- be connected with ～で「～とつながっている」という表現。

Section 2

教科書p.74

 読解のポイント

1. ツィムシアン語の *ts'iwox* という語は、どのような背景から生み出されましたか。
2. ツィムシアン語の話者が非常に少なくなっている理由は何でしょうか。

S₂ : ① Can you give more examples of endangered languages?

L : Sure. ② Tsimshian is an example from Canada. ③ It is a language which one of the indigenous peoples speak. This language has a word "*ts'iwox.*" ④ It means to eat snacks before going to bed.

S₂ : ⑤ That sounds fun!

L : ⑥ Traditionally, Tsimshian people live by fishing and have an early dinner. ⑦ After dinner, they often talk with their family or friends until late. ⑧ When they become hungry, they eat snacks, including seafood.

S₂ : I see. ⑨ How many speakers are there?

L : ⑩ Only about 100 speakers remain because many Tsimshian people use English instead of their own language. ⑪ This shows major languages influence speakers of minority languages.

🄰🄱🄲 単語・語句の研究

☐ Tsimshian [tsímʃjən]	名形 ツィムシアン語［人］（の）
☐ indigenous [indídʒənəs]	形 （その土地に）固有の
☐ indigenous people	先住民
☐ *ts'iwox*	ツウォホ
☐ live by ～	～で生計を立てる 例 Many villagers live by farming. （多くの村民が農業で生計を立てている）
☐ **including** [inklú:diŋ]	前 ～を含めて 参考 include（～を含む）、inclusion（包含）
☐ **remain** [riméin]	動 残っている 参考 remainder（残り（物））
☐ instead of ～	～の代わりに 例 I drank water instead of coffee. （私はコーヒーの代わりに水を飲んだ）

☐ **major** [méidʒər]	形 主要な　▶発音に注意 参考 majority（大多数、過半数）	
☐ major language	主要言語	
☐ **influence** [ínfluəns]	動 ～に影響を与える 参考 influence（影響）、influential（影響力の強い）	
☐ **minority** [mənɔ́:rəti]	形 少数の 参考 minority（少数（集団））、minor（少数の）	
☐ minority language	少数言語	

 解説

① **Can you give more examples of endangered languages?**
- Can you ～?は「～してくれませんか」と依頼する文。

② **Tsimshian is an example from Canada.**
- Tsimshianには「ツィムシアン語（の）、ツィムシアン人（の）」の意味があるが、ここでは「ツィムシアン語」。
- an exampleは、前文のmore examplesを受けて挙げた1つの例ということ。

③ **It is a language which one of the indigenous peoples speak.**
- Itは前文のTsimshian（ツィムシアン語）をさす。
- この文のwhichは目的格の関係代名詞で、which ～ speakの部分が直前の名詞a languageを説明している。目的格の関係代名詞は、あとに〈主語（one of the indigenous peoples）＋動詞（speak）〉が続く。whichは、先行詞（直前の名詞）がもののときに使われる関係代名詞。whichの代わりにthatを使うこともできる。また、目的格の関係代名詞は省略もできる。
- 確認 （　　）内に適切な語を入れなさい。
  マイケルはきのう買った本を読んだ。
  Michael read a book (　　　) he bought yesterday.

④ **It means to eat snacks before going to bed.**
- Itは前文の*ts'iwox*をさす。

⑤ **That sounds fun!**
- Thatは直前の、Tsimshianの単語*ts'iwox*に関する説明全体をさす。
- 〈sound＋形容詞〉で「〜に聞こえる、〜のようだ」という意味。

⑥ **Traditionally, Tsimshian people live by fishing and have an early dinner.**
- ここのTsimshianは「ツィムシアン人の」という形容詞。
- Tsimshian peopleが文の主語で、live by fishingとhave an early dinnerという動詞句がandで等位につながれている文。
- live by 〜で「〜で生計を立てる」という意味になる。

⑦ **After dinner, they often talk with their family or friends until late.**
- theyは前文のTsimshian peopleをさす。

⑧ **When they become hungry, they eat snacks, including seafood.**
- Theyは⑥のTsimshian peopleをさす。
- including seafoodはsnacksを修飾している。

⑨ **How many speakers are there?**
- speakersは、ここまで話題になってきたTsimshianの話者ということ。

⑩ **Only about 100 speakers remain because many Tsimshian people use English instead of their own language.**
- instead of 〜は「〜の代わりに」の意味。
- their own language ＝ Tsimshian（ツィムシアン語）

⑪ **This shows major languages influence speakers of minority languages.**
- Thisは前文の内容全体をさす。
- 〈show (that)＋S'＋V'〉で「S'がV'だということを示す」という文。
- major languages（主要言語）はEnglishなど、minority languages（少数言語）はTsimshianなどをさす。

Section
3
教科書p.76

 読解のポイント

1. 現在、日本に住むアイヌの人々は何人くらいいますか。
2. アイヌ語の「イヨマンテ」はどのような意味ですか。

L ：① We have some endangered languages in Japan. ② One of them is the Ainu language. ③ There are at least 13,000 Ainu people in Japan, but only a few of them are fluent Ainu speakers.

S₃：Yes. ④ I have heard of the Ainu word "*iyomante*", but I don't know the meaning.

L ：⑤ "*Iyomante*" is a ceremony to send the soul of a bear to heaven. ⑥ Ainu people catch a young bear and raise it as a god. ⑦ After two years, they share the meat as a gift for humans and pray to nature.

S₃：⑧ So the word includes a lot of things.

L ：That's right. ⑨ Even a single word can express complex cultural traditions. ⑩ In their own language, Ainu people can fully express what they value in their culture.

🄰🄱🄲 単語・語句の研究

☐ Ainu [áinuː]	名形 アイヌ（人［語］）（の）
☐ fluent [flúːənt]	形 流ちょうな 参考 fluently（流ちょうに）、fluency（流ちょうさ）
☐ hear of ～	～のことを聞く 例 Have you heard of the singer? （その歌手のことを聞いたことがありますか）
☐ *iyomante*	イヨマンテ
☐ soul [sóul]	名 魂
☐ heaven [hévn]	名 天国
☐ raise [réiz]	動 ～を育てる
☐ pray [préi]	動 祈る 参考 prayer（祈り、祈る人）
☐ complex [kɑmpléks]	形 複雑な 参考 complexity（複雑さ）

□ **fully** [fúli]　　　　　　　圖 十分に、完全に
　　　　　　　　　　　　　　参考 full（完全な）

 解説

① **We have some endangered languages in Japan.**

- We は話し手である linguist を含む日本人のこと。There are some endangered languages in Japan. としてもほぼ同じ意味になる。

② **One of them is the Ainu language.**

- them は前文の some endangered languages in Japan をさす。

③ **There are at least 13,000 Ainu people in Japan, but only a few of them are fluent Ainu speakers.**

- 〈only a few of +（代）名詞の複数形〉で「～のうちの少数（だけ）」という意味になる。
- them は at least 13,000 Ainu people をさす。

④ **I have heard of the Ainu word "*iyomante*", but I don't know the meaning.**

- have heard of ～は「～を聞いたことがある」という現在完了の文。
- the Ainu word ＝ "*iyomante*" の関係。
- the meaning は the Ainu word "*iyomante*" の意味ということ。

⑤ **"*Iyomante*" is a ceremony to send the soul of a bear to heaven.**

- "*Iyomante*" is a ceremony という SVC の部分が文の核。
- to send 以降は形容詞的用法の不定詞で、a ceremony を説明している。
- send A to B は「A を B に送る」という表現。B が人の場合 send B A の語順で表すこともできる。

  例 My grandmother sent a present to me.
  ＝ My grandmother sent me a present.
  （祖母は私にプレゼントを送ってくれた）

⑥ **Ainu people catch a young bear and raise it as a god.**

- Ainu people が主語。catch a young bear と raise it as a god という 2 つの

　動詞句がandでつながれている。
- it は a young bear をさす。
- as はここでは「〜として」という意味の前置詞。

⑦ **After two years, they share the meat as a gift for humans and pray to nature.**
- they は前文のAinu people をさす。
- they が文の主語。share the meat as a gift for humans と pray to nature という2つの動詞句がandでつながれている。
- the meat は前文のa young bear を2年育てたあとの meat ということ。

⑧ **So the word includes a lot of things.**
- the word は⑤〜⑦で説明されている"*iyomante*"をさす。

⑨ **Even a single word can express complex cultural traditions.**
- a single word の例として挙げられていたのが "*iyomante*"。

⑩ **In their own language, Ainu people can fully express what they value in their culture.**
- their と they は Ainu people をさす。
- what は先行詞を含む関係代名詞。〈what + S' + V'〉で「〜すること［もの］」という意味を表す。
- ✎**確認**　（　　）内に適切な語を入れなさい。
  自分のしたいことをしなさい。
  Do (　　) you want to do.

Section 4

教科書p.78

 読解のポイント

1. 消滅の危機にある言語が存在する3つの理由とは何ですか。
2. 消滅の危機にある言語を救う方法の例として挙げられているのは、どこの何という言語でしょうか。

S₄ : ① Why do we have so many endangered languages?

L : ② First, there are economic reasons. ③ For example, to get a good job, speakers of a minority language often need to speak a major language like English.

S₄ : I see. ④ Are there any other reasons?

L : ⑤ There are political and social reasons, too. ⑥ For example, when Japanese is the official language, speakers of a minority language need to use Japanese in many places such as public offices and schools.

S₄ : ⑦ Can we do something to save endangered languages?

L : Yes. ⑧ In New Zealand, the Maori language is taught at school. ⑨ Now, more people are learning the language. ⑩ So it is possible for us to increase the number of speakers. ⑪ We can save endangered languages, and promote cultural diversity as well.

🅰🅱🅲 単語・語句の研究

☐ **economic** [i:kənámik]	形 経済的な 参考 economy（経済）、economics（経済学）、economist（経済学者）
☐ **political** [pəlítikl]	形 政治的な 参考 politics（政治）、politician（政治家）
☐ **social** [sóuʃl]	形 社会的な　▶発音に注意 参考 society（社会）、socially（社会的に）
☐ **official** [əfíʃl]	形 公用の、公式な ▶アクセントに注意 参考 officially（公式に）
☐ official language	公用語
☐ public office	官公庁
☐ New Zealand [nù:zí:lənd]	名 ニュージーランド

□ Maori [máuri]	名 形 マオリ人［語］（の）
□ **increase** [inkríːs]	動 ～を増やす 参考 increase（増加）、increasingly（ますます）
□ **promote** [prəmóut]	動 ～を促進する 参考 promotion（促進、昇進）
□ **diversity** [dəvə́ːrsəti]	名 多様性 参考 diverse（多様な）、diversify（～を多様化する）
□ ～ as well	～もまた 例 I like cats, and I like dogs as well. （私は猫が好きで、犬もまた好きだ）

 解説

① **Why do we have so many endangered languages?**
- we は話し手の Student 4 を含めた人類全体のことをさす。Why are there so many endangered languages? とほぼ同じ意味。

② **First, there are economic reasons.**
- ①の we have so many endangered languages の理由がいくつかある中で、最初の理由を First,「まず、」で始めて挙げている。

③ **For example, to get a good job, speakers of a minority language often need to speak a major language like English.**
- For example「例えば」で始めて、economic reasons の具体例を挙げている。
- to get a good job は「～するために」という目的を表す副詞的用法の不定詞。
- 〈need to ＋動詞の原形〉で「～する必要がある」の意味。

④ **Are there any other reasons?**
- ②で economic reasons が挙げられたのを受けて、any other reasons「何かほかの理由」はあるかとたずねている。

⑤ **There are political and social reasons, too.**
- ②の economic reasons に加えて、political reasons と social reasons「も」あるということ。

⑥ **For example, when Japanese is the official language, speakers of a minority language need to use Japanese in many places such as public offices and schools.**
- ● when Japanese is the official language, は時を表す副詞節。
- ● such as 〜は「〜などの」と例を挙げるときに使う。
  - 例 I like fruits such as strawberries and apples.
  （私はイチゴやリンゴなどの果物が好きだ）

⑦ **Can we do something to save endangered languages?**
- ● 疑問文で「何か」というときはanythingを使うことが多いが、この文のようにYesの答えを期待している場合はsomethingを使う。
- ● to save 〜は「〜するために」という目的を表す副詞的用法の不定詞句。

⑧ **In New Zealand, the Maori language is taught at school.**
- ● the Maori languageは「マオリ語」。

⑨ **Now, more people are learning the language.**
- ● ここのmoreはmanyの比較級で、「より多くの」の意味。
- ● the languageは前文のthe Maori languageをさす。

⑩ **So it is possible for us to increase the number of speakers.**
- ● Soは「だから」の意味。
- ● 〈it is ... for（人など）+ to不定詞（〜）〉で「（人など）が〜することは…だ」という意味になる。この文の真の主語はto以下。長いので、Itが代わりに主語の位置にきている。
- 確認　(　　) 内に適切な語を入れなさい。
  一紀にとってギターを弾くことは楽しい。
  It is fun (　　　) Kazuki (　　　) (　　　) the guitar.

⑪ **We can save endangered languages, and promote cultural diversity as well.**
- ● このcanはsave endangered languagesとpromote cultural diversityの両方にかかっている。
- ● 〜 as wellは「〜もまた」の意味。

文型と文法の解説

- -

1 関係代名詞（主格）

◉名詞に説明を加えるとき＝[名詞（人）＋ who ＋ V']/[名詞（もの）＋ which ＋ V']

There are only about 15 people **who** speak the language fluently.
　　　　　　　　　　　　　　(S')　　(V')　「その言語を流ちょうに話す」

（その言語を流ちょうに話す人はたった15人くらいしかいない）

They have several words **which** express types of hunting.
　　　　　　　　　　　　(S')　　(V')　「狩りの種類を表す」

（彼らには狩りの種類を表すいくつかの単語がある）

　関係代名詞は、名詞のあとに置いて説明を加える。直前の名詞のことを先行詞と呼び、先行詞が人のとき関係代名詞はwho、先行詞がもののときはwhichを使う。who / whichの代わりにthatを使うこともできる。

　例 I have a friend **who** sings very well.
　　（私にはとても上手に歌う友だちがいる）

　　I bought a book **which** was written by my favorite writer.
　　（私はお気に入りの作家によって書かれた本を買った）

- -

2 関係代名詞（目的格）

◉名詞に説明を加えるとき＝[名詞（もの）＋ which ＋ S'＋ V']

It is a language **which** one of the indigenous peoples speak.
　　　　　　　　(O')　　　　(S')　「先住民のひとつが話す」　(V')

（それは先住民のひとつが話す言語だ）

　この文のwhichは目的格の関係代名詞で、直前の名詞を説明している。目的格の関係代名詞は、あとに〈主語＋動詞〉が続く。

　whichは、先行詞（直前の名詞）がもののときに使われる関係代名詞。先行詞が人の場合は、who(m) を使う。who(m)/whichの代わりにthatを使うこともできる。また、目的格の関係代名詞は省略もできる。

　例 I ate breakfast (**which**) my father cooked.
　　（私は父が料理した朝食を食べた）

That is the boy (**who(m)**) I met at the station.
（あれは私が駅で会った少年だ）

3 関係代名詞 what

◉「〜すること［もの］」＝［what ＋ S'＋ V'］

Ainu people can fully express ｜**what**｜ they value in their culture.
(S') (V') 「彼らが自分たちの文化において重んじること」

（アイヌの人々は、彼らが自分たちの文化において重んじることを完全に表すことができる）

　関係代名詞 what は〈what ＋ S'＋ V'〉の形で「S'が V'すること［もの］」という意味を表す。what は先行詞を含む関係代名詞で、what 以下の部分が名詞のような働きをして、文の主語や目的語、補語として使うことができる。

例 **What** you need is a vacation.【主語】
（あなたに必要なものは休暇だ）
Tell me **what** you want.【目的語】
（あなたがほしいものを私に教えて）
This song is **what** I've wanted to hear.【補語】
（この歌が、私が聞きたかったものだ）

4 It is ... to不定詞

◉「（人など）が〜することは…だ」＝［It is ... ＋ for（人など）＋ to不定詞］

It is possible **for** us **to increase** the number of speakers.
「話者の数を増やすこと」

（私たちが話者の数を増やすことは可能だ）

　〈It is ... for（人など）＋ to不定詞（〜）〉で「（人など）が〜することは…だ」という意味を表す。真の主語は to 以下だが、長いので、代わりに It を主語の位置においている。It に「それ」という意味はないので注意。
　また、「（人など）が」の部分を特に明記する必要がないときは、〈for（人など）〉の部分をカットしてもよい。

例 **It** is difficult **for** me **to get up** at six every day.
（私が毎日6時に起きるのは難しい）
It is important **to eat** breakfast.
（朝食を食べることは大切だ）

83

確認問題

1 下線部の発音が同じものには○、違うものには×を（　　）に書き入れなさい。

(1) h<u>u</u>nter — f<u>u</u>lly （　　　）

(2) conn<u>e</u>cted — h<u>ea</u>ven （　　　）

(3) ec<u>o</u>nomic — s<u>o</u>cial （　　　）

(4) div<u>er</u>sity — w<u>or</u>d （　　　）

(5) <u>i</u>nfluence — t<u>i</u>ghtly （　　　）

2 ⬚⬚⬚⬚ から最も適切な語を選び、必要に応じて形を変えて（　　）に書き入れなさい。

(1) What can we do to （　　　） the number of the team members?

(2) Mr. Smith is a （　　　） speaker of Japanese.

(3) Have you ever （　　　） of the movie?

(4) *Ukiyo-e* （　　　） a lot of artists in Europe in the 19th century.

(5) It snowed yesterday, and the snow still （　　　） today.

fluent	hear	influence	remain	increase

3 日本語に合うように、（　　）内に適切な語を入れなさい。

(1) カナダの公用語は英語とフランス語だ。

Canada's （　　　） languages are English and French.

(2) 私たちは文化的な多様性を尊重すべきだ。

We should respect cultural （　　　）.

(3) 少女は星に向けて祈った。

The girl （　　　） to the stars.

(4) アルタ語はフィリピンの少数言語だ。

Arta is a （　　　） language in the Philippines.

(5) 少年は、ついにその複雑な問題を解くことができた。

At last the boy was able to solve the （　　　） problem.

4 日本語に合うように、( ) 内に適切な語を入れなさい。

(1) 祐樹は野球をするのが好きだ。彼はまた、野球を見るのも好きだ。

Yuki likes playing baseball. He likes watching it as ( ).

(2) その女性は執筆で生計を立てている。

The woman ( ) ( ) writing.

(3) あなたが話していた少女はだれですか。

Who is the girl ( ) you were talking to?

(4) 私の代わりに打ち合わせに出てくれませんか。

Can you attend the meeting ( ) ( ) me?

(5) 過去は未来とつながっている。

The past is ( ) ( ) the future.

5 次の英語を日本語に訳しなさい。

(1) I have a sister who studies at college.

_____

(2) I saw a dog which was swimming well.

_____

(3) It was difficult for Ken to answer the question.

_____

6 日本語に合うように、[ ] 内の語句を並べかえなさい。

(1) これらは私がきのう撮った写真だ。

[are / took / these / I / the pictures / which] yesterday.

_____ yesterday.

(2) 私たちにとって音楽を聞くことは必要だ。

[necessary / it's / us / listen / for / to / to / music].

_____

(3) あなたは私がほしかったものを私にくれた。

[gave / wanted / I / you / what / me].

_____

7 次の会話文を読み、設問に答えなさい。

Student 1 : How many languages are there in the world?

Linguist : There are about 7,000. But about 40% of them are endangered languages. One of ①them is Arta in the Philippines. Arta people live on Luzon Island. There are only about 15 people (②) speak the language fluently.

S₁ : Can you tell me more about Arta?

L : Traditionally, Arta people are hunters. So they have several words (③) express types of hunting. For example, the word "*bugay*" means to go hunting with hunting dogs. The word "*purab*" means to go hunting without dogs.

S₁ : That's interesting.

L : ④Language is tightly connected with people's lifestyles.

(1) 下線部①がさすものを、本文から抜き出して書きなさい。

_____

(2) 空所②と③に入れるのにそれぞれ最も適切な語をア～エから選び、記号で答えなさい。

ア．what 　　イ．which 　　ウ．who 　　エ．when

②(　　　　) ③(　　　　)

(3) 下線部④を日本語に訳しなさい。

_____

(4) 下の表は、本文中に出てくる"*bugay*"と"*purab*"についてまとめたものである。Ⓐとℬの空所に入る日本語を書きなさい。

	共通する意味	違うところ
"*bugay*"	（ Ⓐ ）に行く	（ ℬ ）を連れていく
"*purab*"		（ ℬ ）を連れて行かない

Ⓐ _____ ℬ _____

(5) 会話の内容に合うように、次の質問に英語で答えなさい。

Where do Arta people live?

_____

LESSON 6

A Wheelchair Traveler

　三代達也（みよたつや）さんは1988年生まれ。18歳のときにオートバイの事故で頸椎を損傷し、車いす生活になりました。2年間のリハビリを経てひとり暮らしを始めた三代さんは、23歳のとき初めてひとりで海外を旅します。そこで出会った人たちとの会話や海外の文化、バリアフリー環境などに刺激を受け、各国を車いすでめぐるようになりました。現在は、講演活動やYouTubeなどで旅の経験や生き方を発信しています。

　さて、バリアフリーと聞いてあなたはどんなことを思い浮かべますか。駅のエレベーターや点字ブロックなどがまず頭に浮かぶかもしれません。でも、バリアフリーは体の不自由な方のためだけのものではありません。多様な人が社会に参加するうえでの障壁（バリア）をなくすこと、つまり障がいの有無にかかわらずすべての人が、どんな立場でも、安心して自由な生活を送れるようにすることがバリアフリーのめざすところです。交通機関や建物のバリアフリーに加え、一人ひとりが多様な人のことを思いやる心のバリアフリーが大切なのです。バリアフリーに関して自分にどのようなことができるか、考えながら読んでみましょう。

Section 1

教科書p.86

 読解のポイント

1. 三代さんが訪れた国と都市の数はそれぞれいくつでしょうか。
2. 三代さんは23歳のとき、どこへ行きましたか。

Welcome to Miyo Tatsuya's Blog

Hi, I'm Miyo Tatsuya. ① I traveled around the world in a wheelchair by myself. I visited 42 cities in 23 countries.

② When I was 18, I got injured in a motorcycle accident. ③ Because of that, I couldn't move my arms and legs. ④ But I never gave up. ⑤ After rehabilitation, I was able to use my arms again.

⑥ When I was 23, I traveled alone to Hawaii. ⑦ I was impressed with the barrier-free facilities. ⑧ Also, people living in Hawaii were kind to me. ⑨ I became interested in foreign countries. ⑩ I wondered how accessible other countries were for wheelchair users. ⑪ So I decided to travel around the world.

A B C 単語・語句の研究

☐ **traveler** [trǽvlər]	名 旅行者 参考 travel（旅行（する））
☐ **blog** [blɔ́:g]	名 ブログ 参考 blogger（ブロガー、ブログ運営者）
☐ by oneself	ひとりで 例 I cooked breakfast by myself. （私はひとりで朝食を料理した）
☐ get injured in ～	～でけがをする 例 Ken got injured in a baseball game. （健は野球の試合でけがをした）
☐ **motorcycle** [móutərsàikl]	名 オートバイ
☐ give up	あきらめる 例 Don't give up.（あきらめるな）
☐ **rehabilitation** [rì:əbilətéiʃn]	名 リハビリ（テーション）
☐ **Hawaii** [həwá:i:]	名 ハワイ　▶アクセントに注意

□ be impressed with ～	～に感銘を受ける 例 The audience were impressed with the singer's song. (聴衆はその歌手の歌に感銘を受けた)
□ barrier-free [bæ̀riərfríː]	形 バリアフリーの 参考 barrier(障壁)、-free((名詞に付いて)～のない)
□ accessible [əksésəbl]	形 行ける、行きやすい
□ user(s) [júːzər(z)]	名 利用者　▶アクセントに注意 参考 use(使う、利用)

 解説

① **I traveled around the world in a wheelchair by myself.**
- around the world で「世界中を［で］」の意味。
  例 The soccer player is famous around the world.
  (そのサッカー選手は世界中で有名だ)
- by oneself で「ひとりで」の意味。

② **When I was 18, I got injured in a motorcycle accident.**
- get injured in ～で「～でけがをする」という表現。be injured とすると「けがをしている」という状態を表す。
- 〈in a[an] + 乗り物名 + accident〉で「～(乗り物)の事故で」の意味になる。

③ **Because of that, I couldn't move my arms and legs.**
- 〈because of + (代)名詞〉で「～のせいで、～のために」という意味になる。
- that は前文の内容全体(事故でけがをしたこと)を表す。

④ **But I never gave up.**
- never は「決して～ない」という意味の副詞。didn't などと違い、あとに続く動詞が原形にはならないので注意する。
- give up は「あきらめる」の意味。

⑤ **After rehabilitation, I was able to use my arms again.**
- 〈be able to + 動詞の原形〉で「～することができる」という意味。

⑥ **When I was 23, I traveled alone to Hawaii.**
- travel to ～で「～に旅行する」の意味。
- alone ≒ by oneself「ひとりで」

⑦ **I was impressed with the barrier-free facilities.**
- be impressed with ～で「～に感銘を受ける」の意味。
- -free は、名詞に付けて「～のない」という意味を表す。
  - 例 sugar-free coffee「無糖コーヒー」

⑧ **Also, people living in Hawaii were kind to me.**
- 現在分詞（～ing）の導く語句 living in Hawaii が名詞 people を後ろから修飾し、people living in Hawaii がひとまとまりで文全体の主語になっている。
- 確認 （　　）内に適切な語を入れなさい。
  - ア．ソファで眠っている猫を見なさい。
    - Look at the cat (　　　　) on the sofa.
  - イ．ドアのそばに立っている女性は私たちの新しい先生だ。
    - The woman (　　　　) by the door is our new teacher.
- be kind to ～で「～に親切だ」の意味。
  - 例 Be kind to elderly people.（お年寄りに親切にしなさい）

⑨ **I became interested in foreign countries.**
- become interested in ～で「～に興味を持つようになる」の意味。
  - 例 I became interested in soccer when I saw an exciting game on TV.
    （私はわくわくする試合をテレビで見たときサッカーに興味を持つようになった）

⑩ **I wondered how accessible other countries were for wheelchair users.**
- 間接疑問文。〈I wonder + how + 形容詞 + 主語 + be動詞〉で「（主語）がどのくらい～なんだろうかと思う」の意味。

⑪ **So I decided to travel around the world.**
- 〈decide to + 動詞の原形〉で「～しようと決心する」の意味。

Section 2

教科書p.88

 読解のポイント

1. フィレンツェで車いすが動かなくなった理由は何ですか。
2. 車いすが動かなくなったとき、助けてくれたのはだれですか。

Traveling in Italy

In Florence, an accident happened. ₁ I was moving my wheelchair on a road made of stones. ₂ Suddenly, the right-front wheel came off. ₃ The wheelchair would not move at all. ₄ I was at a loss.

Just then, someone asked, "Trouble?" ₅ I saw an Italian man with his family. He looked at my wheelchair and said, "One screw is missing. ₆ You also need a wrench to fix it." His wife found a wrench for me. ₇ His two kids started searching for the missing screw. Soon, they screamed, "We found the screw!" ₈ All of the family helped me, and my wheelchair was finally fixed.

₉ I said, "*Grazie!*" and tears came out of my eyes. ₁₀ Thanks to their kindness, I was able to continue my trip.

ABC 単語・語句の研究

☐ **traveling** [trǽvliŋ]	名 旅行（すること） **参考** travel（旅行（する））、traveler（旅行者）
☐ Florence [flɔ́:rəns]	名 フィレンツェ（（イタリアの都市））
☐ right-front wheel	右の前輪
☐ **wheel** [(h)wi:l]	名 車輪
☐ come off	はずれる 例 Tom's bike chain came off. （トムの自転車のチェーンがはずれた）
☐ not 〜 at all	全く〜ない 例 I don't know the man at all. （私はその男性のことを全く知らない）
☐ at a loss	途方にくれて 例 I'm at a loss what to say. （私は何と言ったらいいか途方にくれている）

☐ **loss** [lɔ́ːs]	图 喪失	
	参考 lose（〜をなくす）、lost（道に迷った、見失った）	
☐ **Italian** [itǽljən]	形 イタリア（人［語］）の	
☐ **screw** [skrúː]	图 ねじ　▶発音に注意	
☐ **wrench** [réntʃ]	图 レンチ、スパナ	
	参考 wrench（〜をねじる）	
☐ **search(ing)** [sə́ːrtʃ(iŋ)]	動 探す	
	参考 search（捜索、検索）	
☐ search for 〜	〜を探す	
	例 Police are searching for a missing boy.	
	（警察が行方不明の男の子を探している）	
☐ **scream(ed)** [skríːm(d)]	動 叫ぶ	
	参考 scream（叫び声）	
☐ Grazie	グラッツィエ《イタリア語で「ありがとう」》	
☐ come out	出てくる	
	例 Some people came out of the restaurant.	
	（レストランから数人の人が出てきた）	
☐ **kindness** [káindnəs]	图 親切（な行為）	
	参考 kind（親切な）、kindly（親切に（も））	

解説

① I was moving my wheelchair on a road made of stones.
- 過去分詞の導く語句made of stonesが名詞a roadを後ろから修飾し、a road made of stonesがひとまとまりで名詞のような働きをしている。
- 確認 （　　）内に適切な語を入れなさい。
  英語は世界中で話されている言語だ。
  English is a language (　　　) around the world.

② Suddenly, the right-front wheel came off.
- come offは「はずれる」の意味。

③ The wheelchair would not move at all.
- 〈would not ＋動詞の原形〉は「どうしても〜しなかった」の意味。

- not 〜 at allで「全く〜ない」という強い否定を表すので、would not move at allは「全く動かなかった」という意味になる。

④ **I was at a loss.**
- at a lossは「途方にくれて」という状態を表す。

⑤ **I saw an Italian man with his family.**
- Italianはここでは「イタリア人の」の意味。

⑥ **You also need a wrench to fix it.**
- Youはイタリア人男性が話しかけている相手の三代さんをさす。
- to fix itはa wrenchを後ろから説明する形容詞的用法の不定詞句。

⑦ **His two kids started searching for the missing screw.**
- Hisは⑤の「an Italian manの」ということ。

⑧ **All of the family helped me, and my wheelchair was finally fixed.**
- All of the familyは⑤のan Italian manとその妻、2人の子どもをさす。
- was fixedで「修理された、なおった」の意味。ここでは間にfinally「ついに」がはさまっている。

⑨ **I said, "*Grazie!*" and tears came out of my eyes.**
- *Grazie.*はイタリア語で「ありがとう」の意味。
- come out (of 〜)で「（〜から）出てくる」という表現になる。

⑩ **Thanks to their kindness, I was able to continue my trip.**
- thanks to 〜は「〜のおかげで」という表現。
  例 Thanks to you, I had a great time.
    （あなたのおかげで、私はすばらしい時間をすごした）
- their は⑧のAll of the family、つまり⑤のan Italian manとその妻、2人の子どもをさす。

Section
3
教科書 p.90

読解のポイント

1. アテネで、インド人とスペイン人の男性は何をしてくれましたか。
2. 三代さんはこの旅で、どのようなことに気づいたでしょうか。

Traveling in Greece

I had a special experience in Greece, too. ① Traveling in Athens, I met a man from India. ② He was kind enough to take me to the Parthenon. ③ At that time, the wheelchair lift was broken. ④ I almost gave up, but he asked a Spanish man nearby for help. ⑤ Then they carried me up in my wheelchair. ⑥ Finally, we were able to reach the top of the Parthenon.

⑦ I asked the Indian man, "Why are you so kind to me?" ⑧ He said, "We all live on Earth together: men and women, young and old, disabled and non-disabled. ⑨ I'm happy that I helped you."

⑩ From this trip, I noticed that the world is full of kind people. ⑪ They are willing to help others.

A B C 単語・語句の研究

☐ Greece [gríːs] 　名 ギリシャ

☐ Athens [ǽθinz] 　名 アテネ((ギリシャの首都))

☐ be kind enough to ～ 　親切にも～する
例 Emma was kind enough to drive me home.
(エマは親切にも私を車で家まで送ってくれた)

☐ Parthenon [páːrθənàn] 　名 (the Parthenon で)パルテノン神殿((アテネの丘の上にある古代ギリシャの神殿))

☐ lift [líft] 　名 エレベーター
参考 lift (上がる、持ち上がる)

☐ ask ～ for help 　～に助けを求める
例 John asked his teacher for help.
(ジョンは先生に助けを求めた)

☐ carry ～ up 　～を担ぎあげる
例 The man carried the suitcase up.
(男性はスーッケースを担ぎあげた)

☐ Indian [índiən] 　形 インド(人)の

☐ **disabled** [diséibld]	形 障がいのある 参考 disability（障がい）
☐ non-disabled [nà:ndiséibld]	形 障がいのない
☐ be full of ～	～で満ちている 例 The garden is full of beautiful flowers. （その庭は美しい花で満ちている）
☐ **willing** [wíliŋ]	形 ～する意志がある 参考 will（意志）、willingly（喜んで）
☐ be willing to ～	～するのをいとわない 例 I'm willing to accept the risk. （私はリスクを受け入れるのをいとわない）

 解説

① **Traveling in Athens, I met a man from India.**
- Traveling は現在分詞（～ ing）。〈～ ing, S + V〉で「～しているとき、S は V する」という意味を表す。
- ✎確認 （　　）内に適切な語を入れなさい。
  公園のベンチに座っているとき、私は美しい鳥を見つけた。
  （　　　　） on a bench in the park, I found a beautiful bird.

② **He was kind enough to take me to the Parthenon.**
- be kind enough to ～で「親切にも～する」という表現。
- 〈take + 人 + to + 場所〉で「（人）を（場所）に連れていく」の意味。

③ **At that time, the wheelchair lift was broken.**
- at that time ≒ then で「そのとき」の意味。
- lift はイギリス英語で「エレベーター」の意味。アメリカ英語では elevator がよく使われる。

④ **I almost gave up, but he asked a Spanish man nearby for help.**
- ask ～ for help で「～に助けを求める」の意味。

⑤ **Then they carried me up in my wheelchair.**
- they は①の a man from India と④の a Spanish man nearby をさす。
- carry 〜 up で「〜を担ぎあげる」の意味。

⑥ **Finally, we were able to reach the top of the Parthenon.**
- we は①の a man from India と④の a Spanish man nearby、そして書き手の三代さんのこと。
- the Parthenon は高い丘の上にある。

⑦ **I asked the Indian man, "Why are you so kind to me?"**
- so はここでは「そんなに」という強調の意味。
- be kind to 〜で「〜に親切だ」という表現。

⑧ **He said, "We all live on Earth together: men and women, young and old, disabled and non-disabled.**
- He は①の a man from India をさす。
- :(コロン)は例を挙げるときに使う。ここでは地球に住む私たち皆をいくつかの対になる属性(men・women、young・old、disabled・non-disabled)に分け、コロンの後に並べている。

⑨ **I'm happy that I helped you."**
- 〈be happy (that) + S' + V'〉で「S'がV'ということがうれしい」という意味になる。

⑩ **From this trip, I noticed that the world is full of kind people.**
- 〈notice (that) + S' + V'〉で「S'がV'だということに気づく」という表現。
- be full of 〜は「〜で満ちている」の意味。

⑪ **They are willing to help others.**
- They は前文の kind people をさす。
- be willing to 〜は「〜するのをいとわない」という表現。自らの楽しみなどのために積極的にというよりも、必要や要望があった場合、それに応えて嫌がらずにやるというニュアンスがある。

Section 4

教科書 p.92

読解のポイント

1. 世界旅行を通して、三代さんは親切な人々の行動について どのようなことに気づきましたか。
2. 混雑した電車で具合の悪そうな人を見かけたとき、三代さんが読者に望む行動とはどのようなものでしょうか。

A Reflection on My Trip

① Receiving help from many people, I was able to travel around the world. ② I noticed that kind people did not hesitate to speak to someone in trouble.

③ Let's imagine that you are on a crowded train. ④ A passenger nearby looks sick. ⑤ What will you do? ⑥ You may hesitate, but I hope you ask, "Are you OK?" ⑦ It is important that you have the courage to talk to people. ⑧ I believe that this courage can change the world.

⑨ As I experienced during my trip, "barrier-free" is not only about facilities, but also about people's mindset. ⑩ Anyone can contribute to creating a barrier-free society.

ABC 単語・語句の研究

☐ **reflection** [riflékʃn]	图 (a reflection on 〜で) (〜についての) 感想 参考 reflect (〜を思い起こす)
☐ **hesitate** [hézətèit]	動 ためらう 参考 hesitation (ためらい)
☐ speak to 〜	〜に話しかける 例 Can I speak to you now? (今あなたに話しかけていいですか)
☐ **passenger** [pǽsəndʒər]	图 乗客　▶アクセントに注意
☐ **courage** [kə́ːridʒ]	图 勇気 ▶発音に注意 参考 courageous (勇気のある)、 courageously (勇気のあることに、勇敢に)
☐ **mindset** [máindsèt]	图 (固定した) 考え方、物の見方
☐ **contribute** [kəntríbjuːt]	動 貢献する 参考 contribution (貢献)、contributor (貢献者)

☐ contribute to 〜	〜に貢献する 例 I want to do something to contribute to peace.（私は平和に貢献する何かをしたい）
☐ **society** [səsáiəti]	名 社会、世間 参考 social（社会の）、socially（社会的に）

 解説

① **Receiving help from many people, I was able to travel around the world.**
- ●「〜なので」という理由を表す分詞構文。Receiving help from many people, がひとまとまりで、「多くの人々から助けを受けたので」という意味になる。

② **I noticed that kind people did not hesitate to speak to someone in trouble.**
- ●〈notice (that) + S' + V'〉で「S'がV'だということに気づく」という表現。
- ●〈hesitate to + 動詞の原形〉で「〜するのをためらう」の意味。
- ● speak to 〜で「〜に話しかける」という表現。
- ● in trouble は「困った状態で」の意味。

③ **Let's imagine that you are on a crowded train.**
- ●〈imagine (that) + S' + V'〉で「S'がV'だということを想像する」という表現になる。

④ **A passenger nearby looks sick.**
- ● a passenger を後ろから nearby が修飾している。
- ● 全体はSVCの文。〈look + 形容詞〉で「〜に見える」の意味。

⑤ **What will you do?**
- ● you は読者をさす。

⑥ **You may hesitate, but I hope you ask, "Are you OK?"**
- ● ここの may は「〜かもしれない」という意味の助動詞。
- ●〈hope (that) + S' + V'〉で「S'がV'だということを望む、S'がV'だといいなと思う」という表現。

⑦ **It is important that you have the courage to talk to people.**
- ● It is ... that ～で「～ということは…だ」という文になる。
- *確認* （　　）内に適切な語を入れなさい。
  マイケルがいいダンサーであることは明らかだ。
  （　　　） is clear （　　　） Michael is a good dancer.
- ● talk to ～ ≒ speak to ～で「～に話しかける」の意味。

⑧ **I believe that this courage can change the world.**
- ● 〈believe (that) + S' + V'〉で「S'がV'だということを信じる」という表現。

⑨ **As I experienced during my trip, "barrier-free" is not only about facilities, but also about people's mindset.**
- ● 〈as + S' + V'〉で「S'がV'する［した］ように」という表現。
- ● not only ～ but also ...で「～だけでなく…もまた」という表現。

⑩ **Anyone can contribute to creating a barrier-free society.**
- ● anyoneは肯定文だと「だれでも」という意味。
- ● 〈contribute to + 名詞〉で「～に貢献する」の意味。不定詞のtoではないので、あとに動詞が続くときはここのcreatingのように動名詞にする。

文型と文法の解説

- -

1 現在分詞の形容詞的用法

◉「〜している…」＝［名詞（…）＋〜ing］

People <u>**living** in Hawaii</u> were kind to me.

「ハワイに住んでいる」

（ハワイに住んでいる人々は私に親切だった）

　現在分詞（〜ing）はあとに語句を伴って、直前の名詞を説明する働きをする。現在分詞のところは「〜している」と進行形のように訳すとよい。

　例 John lives in a house **standing** on a hill.
　　（ジョンは丘の上に立っている家に住んでいる）

　　The girl **singing** on the stage is my sister.
　　（ステージの上で歌っている少女は私の姉［妹］だ）

- -

2 過去分詞の形容詞的用法

◉「〜された［される］…」＝［名詞（…）＋過去分詞（〜）］

I was moving my wheelchair on a <u>road **made** of stones</u>.

「石で作られた」

（私は石で作られた道を車いすで移動していた）

　過去分詞はあとに語句を伴って、直前の名詞を説明する働きをする。過去分詞のところは「〜された［され（てい）る］」と受け身のように訳すとよい。

　例 We ate spaghetti **cooked** by my brother.
　　（私たちは兄［弟］が料理したスパゲッティを食べた）

　　The pictures **painted** by Kevin were beautiful.
　　（ケビンによって描かれた絵は美しかった）

3 分詞構文

◉「〜しているとき、…」＝［〜ing, S + V］

Traveling in Athens, I met a man from India.
「アテネを旅行しているとき」

（アテネを旅行しているとき、私はインド出身の男性に会った）

分詞に導かれた副詞句が「〜しているとき」「〜しながら」「〜なので」などの意味で主節を説明することがある。これを分詞構文という。

分詞構文には接続詞の意味や働きが含まれている。分詞構文の意味は厳密には区別できないときもあるが、たいていは前後の文脈から判断できる。

例 Waiting for a bus, I met Mr. Brown.【〜しているとき】
（バスを待っているとき、私はブラウン先生に会った）

Listening to music, I jogged along the river.【〜しながら】
（音楽を聞きながら、私は川沿いをジョギングした）

Practicing tennis hard, I got tired.【〜なので】
（一生懸命テニスを練習したので、私は疲れた）

4 It is ... that 〜

◉「〜ということは…だ」＝［It is ... that 〜］

It is important that you have the courage to talk to people.
(S') (V')

（人々に話しかける勇気を持っていることが大切だ）

このSVC構文では、主語のItは形式的な主語で、that以下の文［節］をさしている。Itに「それ」という意味はないので注意。

例 It is important that you have enough sleep at night.
（夜に十分な睡眠をとることが大切だ）

なおこの構文のCの部分には、necessary「必要な」、true「本当の」、impossible「不可能な」、clear「明らかな」など、さまざまな形容詞が入る。

確認問題

1 下線部の発音が同じものには○、違うものには×を（　　）に書き入れなさい。

(1) bl<u>o</u>g — m<u>o</u>torcycle 　　（　　　）

(2) wh<u>ee</u>l — scr<u>ea</u>m 　　（　　　）

(3) kindness — contr<u>i</u>bute 　　（　　　）

(4) scr<u>ew</u> — f<u>ew</u> 　　（　　　）

(5) l<u>i</u>ft — w<u>i</u>lling 　　（　　　）

2 □□□ から最も適切な語を選び、必要に応じて形を変えて（　　）に書き入れなさい。ただし、各語は１度しか使えません。

(1) I read a blog （　　　） in English.

(2) （　　　） injured during the P.E. class, I went to see a doctor.

(3) The tall man （　　　） out of the gate is my father.

(4) The pictures （　　　） by Yuri are beautiful.

(5) （　　　） to talk to Paul, John was standing by the door.

come	get	hesitate	write	take

3 日本語に合うように、（　　）内に適切な語を入れなさい。

(1) 毎年数多くの旅行者がその寺を訪れる。

A lot of （　　　） visit the temple every year.

(2) ご親切にありがとうございます。

Thank you for your （　　　）.

(3) あなたに挑戦する勇気を持ってほしい。

I want you to have the （　　　） to try.

(4) その選手たちは一生懸命練習するのをいとわない。

The players are （　　　）（　　　） practice hard.

(5) いつでも私に助けを求めて。

（　　　） me for （　　　） anytime.

4 日本語に合うように、(　　) 内に適切な語を入れなさい。

(1) 男性は息子を担ぎあげた。

The man (　　　　) his son (　　　　).

(2) 姉はひとりで京都に住んでいる。

My sister lives in Kyoto (　　　　) (　　　　).

(3) 私は途方にくれて何も言えなかった。

I was at (　　　　) (　　　　) and couldn't say anything.

(4) 私はあきらめない。

I won't (　　　　) (　　　　).

(5) その選手は大いにチームに貢献している。

The player (　　　　) (　　　　) the team a lot.

5 次の英語を日本語に訳しなさい。

(1) Watching the movie, I drank a cup of coffee.

_____

(2) Having a cold, I went to bed early.

_____

(3) It is impossible that Bill will come here today.

_____

6 日本語に合うように、[　　] 内の語句を並べかえなさい。

(1) 男性は親切にも私のスーツケースを運んでくれた。

The man [my / enough / carry / kind / suitcase / was / to].

The man _____.

(2) あなたが毎日犬の世話をすることが必要だ。

[you / the dog / of / it / necessary / take / is / care / that] every day.

_____ every day.

(3) ギターを弾いている少年は神戸出身だ。

[playing / from / the boy / the guitar / Kobe / is].

_____

7 次の英文を読み、設問に答えなさい。

Traveling in Italy

In Florence, an accident happened. I was moving my wheelchair on a road ①(make) of stones. Suddenly, the right-front wheel came (②). ③The wheelchair [all / not / would / move / at]. ④I was at a loss.

Just then, someone asked, "Trouble?" I saw an Italian man with his family. He looked at my wheelchair and said, "One screw is missing. You also need a wrench to fix it." His wife found a wrench for me. His two kids started searching (⑤) the missing screw. Soon, they screamed, "We found the screw!" ⑥All of the family helped me, and my wheelchair was finally fixed.

I said, "*Grazie!*" and tears came out of my eyes. Thanks to their kindness, I was able to continue my trip.

(1) ①の動詞を適切な形に直しなさい。　　　　　　　　　　　　　　

(2) 空所②と⑤に入れるのにそれぞれ最も適切な前置詞をア～エから選び、記号で答えなさい。

　　ア．for　　　イ．on　　　ウ．up　　　エ．off

　　②　　　　　　　　　⑤　　　　　　　　

(3) 下線部③が「車いすは全く動かなかった」という意味になるように、[　]内の語を並べかえなさい。

　　　　　　　　　　　　　　　　　　　　　　　　　　

(4) 下線部④を日本語に訳しなさい。

　　　　　　　　　　　　　　　　　　　　　　　　　　

(5) 下線部⑥は全部で何人か。数字を書きなさい。　　　　　　　　　人

(6) 英文の内容に合うように、次の質問に英語で答えなさい。

　　What was missing from the wheelchair?

The Fugees

　　LESSON 7のタイトルになっているフージーズは、アメリカのジョージア州に拠点を置くサッカーチーム。このチーム名は、選手が全員難民であることからつけられました。

　あなたは「難民」の正確な定義を知っていますか。1951年に制定された「難民の地位に関する条約」では、難民について「人種、宗教、国籍、政治的意見や特定の社会集団に属するなどの理由で、自国にいると迫害を受けるかあるいは迫害を受けるおそれがあるために他国に逃れた」人々と定義されています。そして今日では、政治的な迫害の有無にかかわらず、武力紛争や人権侵害などを逃れるために、国境を越えて他国に庇護を求めた人々をさして難民と呼んでいます。

　アメリカ合衆国（以下アメリカ）では1980年に「難民法」が制定され、世界各地の難民を広く受け入れるようになりました。ただし難民が地域社会になじんでいくためにはかなりの苦労があったのも事実です。難民の子どもたちが地域社会になじんでいくための大きな支えとなったサッカーチームについて読み、難民問題について考えてみましょう。

Section 1

教科書p.102

 読解のポイント

1. クラークストンが難民を受け入れはじめたのはいつですか。
2. 難民を受け入れた後、クラークストンに起きた３つの変化は何でしょうか。

① There is a unique youth soccer team in the US. ② The team was named "the Fugees" because the members were all refugees.

③ The team is based in Clarkston, Georgia. ④ Clarkston used to be a small, traditional town. ⑤ In the 1980s, the town was chosen as a place where refugees started their new lives. ⑥ Since then, a lot of refugees have come to the town. ⑦ Some of the citizens were not happy about this. ⑧ However, the local government continued accepting refugees.

⑨ The town changed dramatically within a decade. ⑩ A school had students from over 50 countries. ⑪ Ethnic restaurants and shops were opened. Different languages were spoken by a variety of people. Clarkston became a diverse community.

ⒶⒷⒸ 単語・語句の研究

□ Fugees [fúːdʒiːz]	名	フージーズ《アメリカの少年サッカーチームの名称》
□ **youth** [júːθ]	名	若者たち、（青）少年
	参考	youthful（若々しい、若者らしい）
□ **refugee(s)** [rèfjudʒíː(z)]	名	難民、避難民
	参考	refuge（避難する）
□ Clarkston [kláːrkstən]	名	クラークストン《地名》
□ Georgia [dʒɔ́ːrdʒə]	名	ジョージア州
□ **used** [júːst]	助	→ used to ～
□ used to ～		（以前は）～だった ▶発音に注意
	例	There used to be a restaurant in front of the park.
		（以前は公園の前にレストランがあった）
□ 1980s		= nineteen eighties（1980年代）
□ choose ～ as ...		～を…に選ぶ
	例	People chose the man as the president.
		（人々はその男性を大統領に選んだ）

□ **citizen(s)** [sítəzn(z)] 　图 市民、国民　▶アクセントに注意
　　　　　　　　　　　　　　参考 citizenship（市民［公民］権）、city（市、都市）

□ **be happy about ～**　　～に満足している
　　　　　　　　　　　　　　例 We are happy about our new house.
　　　　　　　　　　　　　　（私たちは新しい家に満足している）

□ **dramatically** [drəmǽtikli]　副 劇的に
　　　　　　　　　　　　　　参考 drama（劇）、dramatic（劇的な）

□ **decade** [dékeid]　　　图 10年間

□ **ethnic** [éθnik]　　　　形 エスニックの、民族の、民族的な
　　　　　　　　　　　▶アクセントに注意
　　　　　　　　　　　参考 ethnicity（特定の民族集団への所属（状態））

□ **diverse** [dəvə́:rs]　　　形 多様な
　　　　　　　　　　　参考 diversify（多様化する）、diversification（多様化）

□ **community** [kəmjú:nəti]　图 地域社会

 解説

① **There is a unique youth soccer team in the US.**
　● youth は child と adult の間に位置する年代をさす。youth soccer team は
　　ここでは「少年サッカーチーム」。

② **The team was named "the Fugees" because the members were all refugees.**
　● A is named B. は「AはBと名づけられている」つまり「～という名前だ」
　　の意味。name A B「AをBと名づける」を受け身にした形。

③ **The team is based in Clarkston, Georgia.**
　● be based in ～で「～を本拠地［拠点］としている」の意味。
　　例 Our company is based in Tokyo.（当社は東京を本拠地としている）

④ **Clarkston used to be a small, traditional town.**
　● used to ～で「（以前は）～だった」の意味。本文のように「～」の部分に
　　be がくると過去の状態を、次の例のように一般動詞がくると「よく～した
　　ものだ」という過去の習慣を表す。

例 We used to play baseball in this park when we were children.
（私たちは子どものころよくこの公園で野球をしたものだ）

⑤ **In the 1980s, the town was chosen as a place where refugees started their new lives.**
- choose ～ as ... で「～を…に選ぶ」の意味。受け身の形で使われている。
- ここのwhereは関係副詞。場所を表す名詞のあとに〈where + S' + V'〉を置き、「S'がV'する［した］～」の形で場所の説明を加えることができる。

  ✍確認 （　　）内に適切な語を入れなさい。
  大阪は私が生まれた都市だ。
  Osaka is the city （　　　） I was born.

⑥ **Since then, a lot of refugees have come to the town.**
- thenは⑤の内容、つまり1980年代に難民が新生活を始める場所にクラークストンが選ばれたときをさす。

⑦ **Some of the citizens were not happy about this.**
- be happy about ～で「～に満足している」の意味。
- thisは前文の内容、つまり多くの難民がこの町に来たことをさす。

⑧ **However, the local government continued accepting refugees.**
- 〈continue + ～ing〉で「～し続ける」の意味を表す。

  例 It started to rain, but the students continued playing soccer.
  （雨が降り始めたが、生徒たちはサッカーをし続けた）

⑨ **The town changed dramatically within a decade.**
- decadeは「10年間」。within a decadeで「10年以内に」の意味になる。

⑩ **A school had students from over 50 countries.**
- from「～から」は出身を表す。
- overは「～を超える」。over 50 countriesは「50を超える国々」つまり「51か国以上」で、50は含まれないので注意。

⑪ **Ethnic restaurants and shops were opened.**
- Ethnic restaurants and shopsが文の主語となっている受け身の文。

Section 2

教科書p.104

 読解のポイント

1. フージーズを設立したルーマ・マフラはクラークストンで何をしていた人物ですか。
2. ルーマが少年たちの孤独感を理解できたのはなぜでしょうか。

① The team was founded by Luma Mufleh. ② She was the coach of a girls' soccer team in Clarkston.

③ One day in 2004, Luma saw some refugee boys. ④ They were playing soccer on the street. ⑤ As they looked happy, she asked, "Can I play soccer with you?" ⑥ The boys were suspicious at first. ⑦ However, once they played together, the boys noticed her soccer skills. ⑧ That was the moment when they changed their attitude.

⑨ Later, Luma learned about the boys' past. ⑩ She realized that they were able to forget about it while they were playing soccer. ⑪ She also understood the feeling of isolation because she herself came from Jordan at the age of 18. She wanted to do something for the boys.

A B C 単語・語句の研究

☐ **found(ed)** [fáund(id)]	動	～を設立する、創立する 参考 foundation（設立、創立）、founder（設立者、創立者）
☐ Luma Mufleh [lú:mə mΛflə]	名	ルーマ・マフラ《人名》
☐ **suspicious** [səspíʃəs]	形	疑っている、容易に信じない 参考 suspicion（不信感、疑惑）、suspiciously（疑わしそうに）
☐ once S＋V		ひとたびSがVすると 例 Once you make a promise, you should keep it. （ひとたびあなたが約束をしたら、それを守るべきだ）
☐ **moment** [móumənt]	名	瞬間、（特定の）時 ▶発音に注意
☐ **attitude** [ǽtətjù:d]	名	態度
☐ isolation [àisəléiʃn]	名	孤立（状態）、孤独（感） 参考 isolate（～を孤立させる）、isolated（孤立した）

☐ she herself	彼女自身 例 She herself painted the picture. （彼女自身がその絵を描いた）
☐ Jordan [dʒɔ́ːrdn]	名 ヨルダン 《国名》
☐ at the age of ～	～歳のとき 例 Ken started to play the piano at the age of four. （健は4歳のときピアノを弾き始めた）

 解説

① **The team was founded by Luma Mufleh.**
- found は通例受け身の be founded の形で「設立される、創立される」という意味を表す。

② **She was the coach of a girls' soccer team in Clarkston.**
- She は前文の Luma Mufleh をさす。
- Clarkston は米国ジョージア州の都市。

③ **One day in 2004, Luma saw some refugee boys.**
- One day はここでは「（過去の）ある日」の意味。「（未来の）いつか」という意味でも使われる。
  例 I want to come back here one day. （私はいつかここに戻ってきたい）

④ **They were playing soccer on the street.**
- They は前文の some refugee boys をさす。

⑤ **As they looked happy, she asked, "Can I play soccer with you?"**
- as はここでは「～なので」という理由を表す接続詞。
- Can I ～? は「～していいですか」と許可を求める言い方。

⑥ **The boys were suspicious at first.**
- at first は「最初は」の意味。

⑦ **However, once they played together, the boys noticed her soccer skills.**
- they は前文のThe boysと①のLuma Muflehをさす。

⑧ **That was the moment when they changed their attitude.**
- ここのwhenは関係副詞。時を表す名詞（ここではthe moment）のあとに〈when＋S'＋V'〉を置き、「S'がV'する［した］〜」の形で説明を加えることができる。
- 🖊**確認** （　　）内に適切な語を入れなさい。

あなたは私たちが初めて会った日を覚えていますか。

Do you remember the day (　　　) we first met?

⑨ **Later, Luma learned about the boys' past.**
- learn about 〜で「〜について知る」の意味。
- the boys'は「その少年たちの」。複数形などsで終わる語を「〜の」の形にするときは、アポストロフィ（'）のあとのsを省略するのがふつう。

⑩ **She realized that they were able to forget about it while they were playing soccer.**
- they は前文のthe boysをさす。
- it は the boys' pastをさす。難民になったということは、自分の国から避難せざるをえない大変な過去があったということになる。
- while はここでは「〜している間」という意味の接続詞。

⑪ **She also understood the feeling of isolation because she herself came from Jordan at the age of 18.**
- she herselfは「彼女自身」。herselfをあとに置くことでsheを強調している。
- at the age of 〜は「〜歳のとき」。
  - 例 She moved to the US at the age of 18.
    = She moved to the US when she was 18 years old.
    （彼女は18歳のときアメリカに引っ越した）

Section 3

教科書p.106

 読解のポイント

1. 練習のときルーマが強調したのはどんなことですか。
2. 読み書きや計算ができない少年たちのために、ルーマは何をしたでしょうか。

① Luma started teaching soccer to the refugee boys. The team practiced every week on a public field. In practice, Luma emphasized the importance of teamwork, and the boys trusted her. ② That was the reason why they continued training hard. Soon, the team made progress.

③ Yet, there were some problems. ④ Some boys were bullied at school, and others joined gangs. ⑤ Luma encouraged such boys, saying, "Focus on soccer and make friends with your teammates."

⑥ In addition, many of the boys had not received enough education in their home countries. ⑦ Some of them could not read or write. ⑧ They could not do simple calculations, either. ⑨ Luma supported them by providing private lessons after school. ⑩ This was helpful for them to catch up with their classmates.

A B C 単語・語句の研究

☐ **emphasize(d)** [émfəsàiz(d)]	動 ～を強調する 参考 emphasis（強調）	
☐ **teamwork** [tí:mwə̀:rk]	名 チームワーク	
☐ **training** [tréiniŋ] <**train**	動 トレーニングする、練習する 参考 training（トレーニング、練習）	
☐ **progress** [prágres]	名 上達、進歩　▶発音に注意	
☐ some ～, others ...	～もいれば、…もいる 例 Some students play soccer, and others play basketball. （サッカーをする生徒もいれば、バスケットボールをする生徒もいる）	
☐ **bullied** [búlid] <**bully**	動 ～をいじめる	
☐ **gang(s)** [gǽŋ(z)]	名 ギャング	
☐ **focus** [fóukəs]	動 集中する	

112

☐ focus on ~	~に集中する 例 I focused on reading a book. （私は読書に集中した）
☐ make friends with ~	~と友だちになる 例 I made friends with a boy from China. （私は中国出身の少年と友だちになった）
☐ **teammate(s)** [tíːmmèit(s)]	名 チームメイト
☐ **addition** [ədíʃn]	名 追加すること、追加分 参考 add（~を追加する）
☐ in addition	加えて 例 It's so cold. In addition, it has begun to snow. （とても寒い。加えて、雪が降り出した）
☐ home country	母国
☐ not ~, either	~もない 例 I don't drink coffee. I don't drink tea, either. （私はコーヒーを飲まない。紅茶も飲まない）
☐ **calculation(s)** [kæ̀lkjəléiʃn(z)]	名 計算 参考 calculate（計算する）
☐ **private** [práivət]	形 個人的な、個人の
☐ catch up with ~	~に追いつく 例 I'll catch up with you later. （あとであなたに追いつきます）

解説

① **Luma started teaching soccer to the refugee boys.**

- teach ~ to ... で「~を…に教える」の意味。

② **That was the reason why they continued training hard.**

- ここのwhyは関係副詞。〈the reason why + S' + V'〉で「S'がV'する理由」という意味を表すことができる。the reasonは省略も可能。
- 確認 （　　　）内に適切な語を入れなさい。
  あなたが泣いている理由を私に教えて。
  Tell me the (　　　) (　　　) you are crying.

③ **Yet, there were some problems.**
- ここのYetは「けれども」というbutよりも強い逆説を表す接続詞。

④ **Some boys were bullied at school, and others joined gangs.**
- some ～, others ... で「～もいれば、…もいる」という意味になる。others は other boys のこと。

⑤ **Luma encouraged such boys, saying, "Focus on soccer and make friends with your teammates."**
- such boysは、前文のwere bullied「いじめられていた」少年たちとjoined gangs「ギャングの仲間になった」少年たちをさす。
- focus on ～は「～に集中する」、make friends with ～は「～と友だちになる」の意味。

⑥ **In addition, many of the boys had not received enough education in their home countries.**
- had not receivedは過去完了の表現。〈had (not) + 過去分詞〉で過去の一時点(ここでは難民としてアメリカで暮らしている時点)よりさらに過去のことを表す。

⑦ **Some of them could not read or write.**
- not ～ or ... で「～」と「…」の両方を否定する表現になる。ここでは「読むことも書くこともできなかった」。

⑧ **They could not do simple calculations, either.**
- not ～, eitherで「～もない」という意味になる。too「～も」の否定の形。

⑨ **Luma supported them by providing private lessons after school.**
- 〈by +動名詞(～ing)〉で「～することによって」という意味を表す。

⑩ **This was helpful for them to catch up with their classmates.**
- Thisは前文の内容全体をさす。
- catch up with ～は「～に追いつく」の意味。

Section 4

教科書p.108

 読解のポイント

1. 2007年、フージーズに何が起きましたか。
2. フージーズのおかげで、難民の少年たちは何ができるようになったでしょうか。

① The Fugees gradually became a better team and attracted people in Clarkston. ② In 2007, the team was featured in *The New York Times*. ③ Many people in the US learned about the team and also started to cheer for it. Some people even donated money.

④ With the donations, a school was established for refugee students. ⑤ It was named the Fugees Academy. ⑥ At this school, the class size is smaller than that of other schools. ⑦ The school has been very successful. ⑧ All of the first graduates went on to college.

⑨ The young refugees still have difficulty living in the new community. ⑩ However, thanks to the Fugees, they can feel accepted and find a way to a bright future.

ABC 単語・語句の研究

☐ **attract(ed)** [ətrǽkt(id)]	動 ～を引きつける 参考 attraction（人を引きつける物［人］）、attractive（魅力的な）
☐ *The New York Times*	「ニューヨークタイムズ」（アメリカの日刊紙）
☐ cheer for ～	～を応援する 例 Thanks for cheering for us. （私たちを応援してくれてありがとう）
☐ **donate(d)** [dóuneit(id)]	動 ～を寄付する
☐ **donation(s)** [dounéiʃn(z)]	名 寄付（金）　▶発音に注意
☐ **establish(ed)** [istǽbliʃ(t)]	動 ～を設立する　▶発音に注意 参考 establishment（設立、施設）
☐ **academy** [əkǽdəmi]	名 アカデミー、（私立の）学校 参考 academic（学問の）
☐ **successful** [səksésfl]	形 成功した 参考 succeed（成功する）、success（成功）、successfully（うまく、成功裏に）

☐ **graduate(s)** [grǽdʒuèit(s)]	名 卒業生
	参考 graduate (from 〜)((〜から)卒業する)、graduation(卒業)
☐ **go on to 〜**	〜に進学[進級]する
	例 Ann will go on to high school next year. （アンは来年高校に進学する予定だ）
☐ **have difficulty 〜ing**	〜するのに苦労する
	例 I had difficulty opening the box. （私はその箱を開けるのに苦労した）

 解説

① **The Fugees gradually became a better team and attracted people in Clarkston.**
- The Fugees が文の主語。became a better team と attracted people in Clarkston という2つの動詞句が、and を使って等位で結ばれている。

② **In 2007, the team was featured in *The New York Times*.**
- the team は前文の The Fugees をさす。
- be featured で「(〜で)特集される」。日本語の「フィーチャーされる」はここからきている。

③ **Many people in the US learned about the team and also started to cheer for it.**
- learn about 〜 で「〜のことを知る」という表現になる。
- cheer for 〜 で「〜を応援する」の意味。
- it は文前半の the team、つまり①の The Fugees をさす。

④ **With the donations, a school was established for refugee students.**
- ここの With は「〜を使って」という道具・手段を表す前置詞。

⑤ **It was named the Fugees Academy.**
- It は前文の a school をさす。

⑥ **At this school, the class size is smaller than that of other schools.**

- 形容詞や副詞を〈比較級 (-er) + than ～〉の形にすると、「～より…だ」という意味を表す。
- ✐ 確認 （　　　）内に適切な語を入れなさい。
  - ア．私は弟より背が高い。
    I'm (　　　) (　　　) my brother.
  - イ．貴紀は姉よりも早く起きる。
    Takanori gets up (　　　) (　　　) his sister.
- ここの that は the class size のこと。Fugees Academy のクラスサイズ（1クラス当たりの人数）と、other schools のクラスサイズを比較する文。

⑦ **The school has been very successful.**

- The school は⑤の the Fugees Academy をさす。
- 「ずっと～だ」という継続を表す現在完了の文。

⑧ **All of the first graduates went on to college.**

- go on to ～で「～に進学［進級］する」という意味になる。

⑨ **The young refugees still have difficulty living in the new community.**

- have difficulty ～ing で「～するのに苦労する」という意味になる。
- the new community は難民の母国と異なる新たな地域社会、つまりここではジョージア州クラークストンの社会をさす。

⑩ **However, thanks to the Fugees, they can feel accepted and find a way to a bright future.**

- they は前文の The young refugees をさす。
- 〈feel + 形容詞〉で「～だと感じる」という意味の SVC の文を作る。
- can「～できる」は2つの動詞句、feel accepted と find a way to a bright future の両方にかかっている。

文型と文法の解説

・・

1 関係副詞 where

●場所を表す名詞に説明を加えるとき＝［名詞＋where＋S'＋V'］

The town was chosen as a place **where** refugees started their new lives.

(S')　　　　(V')　「難民が新しい暮らしを始める」

（その町は、難民が新しい暮らしを始める場所として選ばれた）

　場所を表す名詞のあとに〈where＋S'＋V'〉を置き、「S'がV'する［した］〜」の形で説明を加えることができる。このwhereは関係副詞と呼ばれる。

　例 That is the restaurant **where** I often eat lunch.

　　＝ That is the restaurant. ＋ I often eat lunch there.

　　（あれが、私がよく昼食を食べるレストランだ）

・・

2 関係副詞 when

●時を表す名詞に説明を加えるとき＝［名詞＋when＋S'＋V'］

That was the moment **when** they changed their attitude.

(S')　　　(V')　「彼らが態度を変えた」

（それは彼らが態度を変えた瞬間だった）

　whenは時を表す関係副詞として使われ、時を表す名詞のあとに〈when＋S'＋V'〉を置いて「S'がV'する［した］〜」の形で説明を加えることができる。

　例 I still remember the day **when** I got this guitar.

　　＝ I still remember the day. ＋ I got this guitar then.

　　（私は今もこのギターを手に入れた日を覚えている）

3 関係副詞 why

◉ 「…という理由」＝ [the reason why ＋ S' ＋ V']

That was the reason | **why** | they continued training hard.
　　　　　　　　　　　　　　　(S')　　　　(V')　　　「彼らが懸命にトレーニングを続けた」

（それが、彼らが懸命にトレーニングを続けた理由だった）

　why は理由を表す関係副詞として使われる。〈the reason why ＋ S' ＋ V'〉の形で「S' が V' する［した］理由」という意味を表すことができる。the reason は省略することもできる。

　例 This is the reason **why** I love music.
　　　（これが、私が音楽を大好きな理由だ）

4 比較級・最上級

◉ 「〜より…だ」＝ [比較級 (…) ＋ than 〜]

The class size is **smaller than** that of other schools.
　　　　　　　　　　　「〜より小さい」

（クラスサイズはほかの学校のそれ (＝クラスサイズ) より小さい）

　2 つのものを比べて「〜より…だ」というときは、形容詞か副詞の比較級を使う。比較級は語尾に -er をつけるか、つづりの長い単語の場合は前に more を置いて作る。

　例 Your bag is **heavier** than mine.
　　　（あなたのかばんは私のより重い）

　　　Your bag is **more expensive** than mine.
　　　（あなたのかばんは私のより高価だ）

　3 つ以上のものを比べて「最も…だ」というときは、形容詞か副詞の最上級を使う。最上級は語尾に -est をつけるか、つづりの長い単語の場合は前に most を置いて作る。

　例 Kaori is **the youngest** in her family.
　　　（香織は家族の中でいちばん年下だ）

　　　I think this is **the most beautiful** garden in Kyoto.
　　　（私はこれが京都で最も美しい庭だと思う）

確認問題

1 下線部の発音が同じものには○、違うものには×を（　　）に書き入れなさい。

(1) y<u>ou</u>th — f<u>ou</u>nd　　　　　（　　　）

(2) <u>c</u>itizen — <u>p</u>rivate　　　　（　　　）

(3) d<u>o</u>nate — pr<u>o</u>gress　　　　（　　　）

(4) calcul<u>a</u>tion — gr<u>a</u>duate　　（　　　）

(5) <u>u</u>sed — comm<u>u</u>nity　　　　（　　　）

2 ◻️◻️◻️ から最も適切な語を選び、必要に応じて形を変えて（　　）に書き入れなさい。

(1) We've been friends for a （　　　）.

(2) I practiced basketball with my （　　　） for two hours.

(3) Amy didn't want to go to school because she was （　　　） by her classmates.

(4) Our school was （　　　） in 1975.

(5) The （　　　） was so hard that I'm tired.

> bully　　decade　　found　　training　　teammate

3 日本語に合うように、（　　）内に適切な語を入れなさい。

(1) 自分がしていることに集中しなさい。

（　　　） on what you are doing.

(2) その男の態度が私たちを怒らせた。

The man's （　　　） made us angry.

(3) 私は民族音楽を聞くのが好きだ。

I like to listen to （　　　） music.

(4) 多数のシリアからの難民がトルコで暮らしている。

A lot of （　　　） from Syria live in Turkey.

(5) 私の弟は計算が得意だ。

My brother is good at （　　　）.

4 日本語に合うように、（　　）内に適切な語を入れなさい。

(1) 猫好きな人もいれば、犬好きな人もいる。

（　　　　）people like cats, and（　　　　）like dogs.

(2) 母は車を運転しない。父も運転しない。

My mother doesn't drive. My father（　　　　）drive,（　　　　）.

(3) 兄は北海道の大学に進学した。

My brother（　　　　）（　　　　）to a university in Hokkaido.

(4) 私はそのコンサートのチケットを取るのに苦労した。

I（　　　　）（　　　　）getting a ticket for the concert.

(5) 私はあなたと友だちになりたい。

I want to（　　　　）friends（　　　　）you.

5 次の英語を日本語に訳しなさい。

(1) My sister's hair is longer than mine.

_____

(2) Kobe is the city where my uncle used to live.

_____

(3) That is the reason why I started playing soccer at the age of five.

_____

6 日本語に合うように、[　　]内の語句を並べかえなさい。

(1) 薫はチームでいちばん速く走る。

[runs / the / the / in / Kaoru / fastest / team].

_____

(2) 私たちが試合に勝った瞬間を決して忘れない。

I [we / never / the game / forget / won / the moment / will / when].

I _____ .

(3) エマが今日休んでいる理由を知っていますか。

[why / do / is / know / reason / Emma / the / you] absent today?

_____ absent today?

7 次の英文を読み、設問に答えなさい。

Luma started teaching soccer to the refugee boys. The team practiced every week on a public field. In practice, Luma emphasized the importance of teamwork, and the boys trusted her. ①[they / was / reason / training / continued / that / the / why / hard]. Soon, the team made progress.

Yet, there were ②some problems. Some boys were bullied at school, and others joined gangs. Luma encouraged such boys, saying, "Focus on soccer and make friends with your teammates."

In addition, many of the boys had not received enough education in their home countries. Some of them could not read or write. They could not do simple calculations, either. Luma supported them by providing private lessons after school. ③This was helpful for them to (   ) (   ) (   ) their classmates.

(1) 下線部①が「それが、彼らが懸命にトレーニングを続けた理由だった」という意味になるように、[ ] 内の語を並べかえなさい。

_____

(2) 下線部②の例として挙げられているものを2つ、日本語で簡潔に書きなさい。

_____

_____

(3) 下線部③が「このことが彼らがクラスメートに追いつくのに役立った」という意味になるように、空所に適する語を入れなさい。

_____ _____ _____

(4) 英文の内容に合うように、次の質問に英語で答えなさい。
What did Luma do to support the boys who had not received enough education in their home countries?

_____

Avatar Robots

オンラインゲームやSNSなどで「アバター」を使ったことはありますか。オンライン上で自分の分身となるキャラクターです。現実の世界でこの「分身」の役割をしてくれるOriHimeという名のロボットがいます。

OriHimeを開発した吉藤健太朗さんは、小学校から中学校にかけて学校に通えない時期があり、自宅の部屋でひとり孤独に悩まされていました。その後工業高校に進学した吉藤さんは、３年生のとき、孤独を癒してくれるロボットの研究を始めます。最初は人工知能を用いた友だちのようなロボットの開発を志しましたが、同時期に福祉ボランティアにもかかわる中で、人工知能で人間の相手をしてくれるロボットではなく、人間が動かして人とコミュニケーションできるロボットを作りたいと考えるようになりました。そのような背景から生まれたのが、遠隔人型コミュニケーションロボットOriHimeです。

OriHimeとはどんなロボットなのか、また今後人間のどのような可能性を広げていってくれるのか、人と人の関係、人とロボットの関係はどのようになっていくのか、考えながら読んでみましょう。

Section 1

教科書p.116

 読解のポイント

1. オリヒメはどうすることによって、さまざまな感情を表すことができますか。
2. オリヒメはどのような人々のために開発されたでしょうか。

① OriHime is a new type of robot. ② The robot functions as an avatar for people in remote places. ③ If they use OriHime, they can talk with other people near the robot. ④ Users can also express various feelings by controlling the robot's head and hands freely.

⑤ OriHime is 23 centimeters tall and has a camera, a microphone, and a speaker inside. ⑥ It can be controlled with a computer through the Internet. ⑦ Even physically disabled people can control the robot with a special eye tracking system.

⑧ OriHime was developed for people who cannot be in a certain place for various reasons. ⑨ It can be seen in classrooms, business meetings, family events, and many other situations.

Ａ Ｂ Ｃ 単語・語句の研究

☐ **avatar** [ǽvətɑ̀ːr]	图 分身、アバター
☐ **robot(s)** [róubɑt(s)]	图 ロボット ▶発音に注意
☐ **OriHime**	オリヒメ《分身ロボットの名前》
☐ **function(s)** [fʌ́ŋkʃn(z)]	動 機能する 参考 function（機能）、functional（機能の、機能的な）
☐ **remote** [rimóut]	形 遠く離れた、リモートの 参考 remote-controlled（遠隔操作の、リモート式の）
☐ **control(ling)** [kəntróul(iŋ)]	動 ～を制御する、うまく操縦する ▶発音に注意 参考 control（制御、操縦）、controller（制御装置、コントローラー）
☐ **freely** [fríːli]	副 自由に 参考 free（自由な）、freedom（自由）

☐ **centimeter(s)** [séntəmìːtə(r)(z)]	图 センチメートル
	▶アクセントに注意
	参考 meter（メートル）、millimeter（ミリメートル）、kilometer（キロメートル）
☐ **microphone** [máikrəfòun]	图 マイク　▶アクセントに注意
☐ **physically** [fízikli]	副 身体的に
	参考 physical（身体的な、身体の）
☐ eye tracking system	視線入力装置《眼や指先しか動かせない人のための意思伝達装置》
☐ **tracking** [trǽkiŋ]	图 追跡（すること）
	参考 track（追跡する）
☐ **system** [sístəm]	图 装置、システム
	参考 systematic（組織的な）

 解説

① **OriHime is a new type of robot.**
- 〈a[an] + 形容詞 + type of ～〉で「…な種類［タイプ］の～」という表現。

② **The robot functions as an avatar for people in remote places.**
- function as ～で「～として機能する」の意味。
- avatarは「分身」。ゲームやSNSで使用する「アバター」も英語にするとavatarとなる。

③ **If they use OriHime, they can talk with other people near the robot.**
- theyは前文のpeople in remote placesをさす。
- If ～, S + V. で「もし～ならば、…だ」という意味を表す。「もし～ならば」というIf ～の中の動詞は未来のことでもwillを使わず、現在形にする。

確認　（　　）内に適切な語を入れなさい。
ア．もし明日晴れたら、テニスをしましょう。
（　　）it（　　）fine tomorrow, let's play tennis.
イ．もしあなたが夕食を作るなら、私は手伝いますよ。
（　　）you（　　）dinner, I'll help you.

④ **Users can also express various feelings by controlling the robot's head and hands freely.**
- Users は OriHime の利用者のこと。
- 〈by +〜ing〉で「〜することによって」という手段を表す。

⑤ **OriHime is 23 centimeters tall and has a camera, a microphone, and a speaker inside.**
- OriHime が文の主語。OriHime is 23 centimeters tall という SVC の文と (OriHime) has a camera, a microphone, and a speaker inside. という SVO の文が and でつながれた文である
- 〈数字＋長さを表す語＋ tall〉で「〜の高さ」の意味。
  例 Tokyo Tower is 333 meters tall.
  　（東京タワーは333メートルの高さだ）

⑥ **It can be controlled with a computer through the Internet.**
- It は前文の OriHime をさす。
- 〈can be ＋過去分詞〉で「〜されることが可能だ」の意味。ただしここでは「操作することが可能だ」とすると自然な日本語になる。

⑦ **Even physically disabled people can control the robot with a special eye tracking system.**
- even は「〜でも、〜でさえ」。
- physically disabled people は「身体に障がいのある人々」の意味。

⑧ **OriHime was developed for people who cannot be in a certain place for various reasons.**
- 文全体は OriHime を主語とした受け身の文。
- people を主格の関係代名詞 who の導く節が後ろから説明している。

⑨ **It can be seen in classrooms, business meetings, family events, and many other situations.**
- It は前文の OriHime をさす。

Section 2

教科書p.118

 読解のポイント

1. 吉藤さんは学校に行けなかったとき、どのようなことを望みましたか。
2. 吉藤さんが自らを「ロボット・コミュニケーター」と呼ぶのはなぜでしょうか。

① OriHime was created by Yoshifuji Kentaro. ② The idea for OriHime came from his own experience.

③ When Yoshifuji was young, he was not able to go to school for three and a half years. ④ He wanted to attend classes, but he could not. ⑤ He was extremely lonely. ⑥ He thought, "If I had an avatar, I could be with my classmates without going to school." ⑦ During this period, he became interested in designing robots.

⑧ Yoshifuji entered an engineering high school. ⑨ When he was 18, he took part in an engineering contest in the US. ⑩ He met various people there and found his goal: to help people who cannot communicate with others easily. ⑪ That is why he calls himself a "robot communicator", not a "robot engineer."

A B C 単語・語句の研究

☐ three and a half years	3年半
☐ **attend** [əténd]	動 〜に出席する 参考 attendance（出席（者［回数]））
☐ **extremely** [ikstríːmli]	副 極度に　▶アクセントに注意 参考 extreme（極度の）、extremist（過激派）
☐ **lonely** [lóunli]	形 孤独な 参考 loneliness（孤独）
☐ **period** [píəriəd]	名 期間　▶発音に注意
☐ **design(ing)** [dizáin(iŋ)]	動 〜を設計［デザイン］する 参考 design（設計、デザイン）、designer（設計者、デザイナー）
☐ **engineering** [èndʒəníəriŋ]	名 工学（技術） 参考 engineer（技術者）
☐ engineering high school	工業高校

☐ take part in 〜	〜に参加する 例 Can you take part in the party? （パーティーに参加してくれませんか）
☐ **contest** [kántest]	名 コンテスト 参考 contestant（（コンテストへの）参加者）
☐ communicator [kəmjúːnəkèitər]	名 コミュニケーター 参考 communication（コミュニケーション、意思の疎通）

 解説

① **OriHime was created by Yoshifuji Kentaro.**
- 受け身の文。create は「（新しいものを）開発する、創り出す」の意味。

② **The idea for OriHime came from his own experience.**
- his は前文の「Yoshifuji Kentaro の」ということ。
- 〈所有格の代名詞 + own + 名詞〉で「〜自身の…」の意味。

③ **When Yoshifuji was young, he was not able to go to school for three and a half years.**
- 〈数字 + and a half years〉で「〜年半」という意味になる。

④ **He wanted to attend classes, but he could not.**
- He は前文の Yoshifuji をさす。
- could not のあとに attend classes が省略されている。

⑤ **He was extremely lonely.**
- He は③の Yoshifuji をさす。
- extremely は「極度に」の意味。very よりも強い強調を表す。

⑥ **He thought, "If I had an avatar, I could be with my classmates without going to school."**
- 「もし〜ならば、…できるだろうに」という現在の事実に反することや実現の可能性が低いことを表すときは、〈if 〜, S + could + V（…）〉という仮定法過去の文を使う。仮定法過去の文では、if 節の動詞を過去形にする。if 節の動詞が be 動詞の場合は、主語が何であってもふつう were を使う。

⬥**確認** （　　）内に適切な語を入れなさい。

もし私が南の島に住んでいたら、毎日海で泳げるのに。

If I (　　) on a southern island, I (　　) swim in the sea every day.

⑦ **During this period, he became interested in designing robots.**

- During this periodは、③で述べられている学校に行けなかった3年半をさす。
- become interested in ～ingで「～することに興味を持つようになる」の意味。

⑧ **Yoshifuji entered an engineering high school.**

- engineering high schoolは「工業高校」の意味。

⑨ **When he was 18, he took part in an engineering contest in the US.**

- ここのwhenは「～とき」の意味の接続詞。
- take part in ～で「～に参加する」の意味。

⑩ **He met various people there and found his goal: to help people who cannot communicate with others easily.**

- He (= Yoshifuji) を主語として、met various people there と found his goal ～という2つの動詞句がandで等位に結ばれている。
- :（コロン）は例を挙げるときに使う。ここでは、his goalの具体的な内容がコロンのあとに書かれている。to help peopleは不定詞の名詞的用法「～すること」で、さらにpeopleを主格の関係代名詞whoの導く節が後ろから説明している。

⑪ **That is why he calls himself a "robot communicator", not a "robot engineer."**

- That is why ～で「それが～の理由だ」という文になる。

  例 That is why I was absent from school.
  （それが私が学校を休んだ理由だ）
- call A Bで「AをBと呼ぶ」の意味。

Section 3

教科書 p.120

 読解のポイント

1. OriHimeとOriHime-Dの違いは何ですか。
2. OriHime-Dを使うことで、身体に障がいのある人々はどのように感じることができますか。

① Even after Yoshifuji successfully created OriHime, he was never satisfied. ② He thought, "I wish OriHime could help more people." ③ So he started to develop OriHime-D. ④ It basically has the same functions as OriHime. ⑤ However, it can move around and carry things, and it is about 120 centimeters tall.

⑥ In 2018, OriHime-D was used in a robot café in Tokyo for the first time. ⑦ The robots were controlled by people with physical disabilities in remote places. ⑧ Through OriHime-D, they carried drinks and communicated with the customers.

⑨ Using the robots, people with physical disabilities felt the joy of working. ⑩ In other words, they were able to feel that they participated in society.

🄰🄱🄲 単語・語句の研究

☐ successfully [səksésfəli]	副 うまく、成功裏に 参考 succeed（成功する）、success（成功）、successful（成功した）
☐ OriHime-D	オリヒメ－D
☐ **basically** [béisikli]	副 基本的に（は）　参考 base（基礎）、basic（基本的な）
☐ the same ～ as ...	…と同じ～ 例 I have the same answer as you. （私はあなたと同じ答えです）
☐ move around	動きまわる 例 Don't move around by yourself. （ひとりで動きまわらないで）
☐ café [kæféi]	名 カフェ　▶アクセントに注意
☐ **physical** [fízikl]	形 身体的な、身体の 参考 physically（身体的に）

☐ **disabilities** [dìsəbíləti(z)] <disability	名 障がい	
	参考 disabled（障がいのある）	
☐ **customer(s)** [kʌ́stəmər(z)]	名 客、顧客	
☐ **joy** [dʒɔ́i]	名 喜び	
	参考 joyful（喜ばしい）	
☐ in other words	言い換えると	
	例 Music always makes me happy. In other words, I love music.	
	（音楽はいつも私を幸せにする。言い換えると、私は音楽が大好きだ）	
☐ **participate(d)** [pɑːrtísəpèit(id)]	動 参加する	
	参考 participant（参加者）、participation（参加）	
☐ participate in ～	～に参加する	
	例 Are you going to participate in the meeting?	
	（その会議には参加する予定ですか）	

解説

① **Even after Yoshifuji successfully created OriHime, he was never satisfied.**

- evenは「～でさえ」の意味。〈even after + S' + V'〉で「S'がV'したあとでさえ」の意味になる。

② **He thought, "I wish OriHime could help more people."**

- 〈I wish + S' + V'〉で現在の事実とは異なる、あるいは実現の可能性が低い「～ならいいのになあ」という願いを表す。I wishのあとにくる動詞または助動詞は過去形（be動詞はwere）になる。

- ✎**確認**　（　　）内に適切な語を入れなさい。

    ア．宇宙を旅行できたらいいのになあ。

      I（　　）I（　　）travel in space.

    イ．私が有名な歌手だったらいいのになあ。

      I（　　）I（　　）a famous singer.

③ **So he started to develop OriHime-D.**

- 〈start to + 動詞の原形〉で「～し始める」の意味。

131

④ **It basically has the same functions as OriHime.**
- Itは前文のOriHime-Dをさす。
- the same ~ as ... で「…と同じ~」という意味になる。

⑤ **However, it can move around and carry things, and it is about 120 centimeters tall.**
- 文前半と後半のitは両方とも③のOriHime-Dをさす。
- 〈数字＋長さを表す語＋tall〉で「~の高さ」の意味になる。

⑥ **In 2018, OriHime-D was used in a robot café in Tokyo for the first time.**
- for the first timeで「初めて」の意味。

  例 Bill ate *natto* for the first time.
  （ビルは初めて納豆を食べた）

⑦ **The robots were controlled by people with physical disabilities in remote places.**
- The robotsは前文のOriHime-Dをさす。複数使われたので複数形。
- people with physical disabilitiesは「身体に障がいのある人々」のこと。

⑧ **Through OriHime-D, they carried drinks and communicated with the customers.**
- throughは「~を通じて」という媒介手段を表す。
- theyは前文のpeople with physical disabilitiesをさす。
- communicate with ~は「~と意思の疎通をする」の意味。

⑨ **Using the robots, people with physical disabilities felt the joy of working.**
- Using the robots,は「ロボットを使うことによって」という意味を表す分詞構文。

⑩ **In other words, they were able to feel that they participated in society.**
- in other wordsは「言い換えると」の意味。
- theyはpeople with physical disabilitiesをさす。

Section 4

教科書p.122

読解のポイント

1. 吉藤さんが幼いころ思っていたのはどのようなことでしたか。
2. 吉藤さんのロボットが変えつつあるのは何でしょうか。

① OriHime is useful not only for people with physical disabilities. ② It is also helpful for those who have other difficulties.

③ For example, some workers need to stay home. ④ They have to take care of young children or elderly family members. ⑤ Using OriHime, the workers can talk with their coworkers as if they were in the same workplace. ⑥ Also, OriHime helps some students who cannot attend school for a variety of reasons. ⑦ Using the robot, they can spend time with their friends as if they were together. ⑧ This is exactly what Yoshifuji wanted when he was young.

⑨ Thanks to OriHime, people can "be" in places where they could not be before. ⑩ Yoshifuji's robots are changing many people's lives and giving them hopes for the future.

A B C 単語・語句の研究

☐ those who 〜	〜する人々 例 I love those who love me. （私は私を愛してくれる人々を愛している）
☐ take care of 〜	〜の世話をする 例 I take care of my dog every day. （私は毎日犬の世話をする）
☐ **elderly** [éldərli]	形 年配の
☐ **coworker(s)** [kóuwə̀:rkər(z)]	名 同僚、仕事仲間
☐ **workplace** [wə́:rkplèis]	名 仕事場、職場
☐ **exactly** [igzǽktli]	副 まさしく 参考 exact（正確な）

解説

① **OriHime is useful not only for people with physical disabilities.**

● 〜 not only for ... で「…にだけ〜なわけではない」という意味になる。

② **It is also helpful for those who have other difficulties.**

● It は前文の OriHime をさす。
● those who 〜で「〜する人々」の意味になる。

③ **For example, some workers need to stay home.**

● 〈need to + 動詞の原形〉で「〜する必要がある」の意味。

④ **They have to take care of young children or elderly family members.**

● They は前文の some workers をさす。
● take care of 〜は「〜の世話をする」の意味。世話をされる対象は、ここでは young children「幼い子どもたち」または elderly family members「年配の家族」。

⑤ **Using OriHime, the workers can talk with their coworkers as if they were in the same workplace.**

● Using OriHime, は「オリヒメを使うことによって」という意味の分詞構文。
● 〈as if + S' + V'〉で「まるで〜であるかのように」という意味を表す。as if のあとにくる動詞は過去形（be 動詞はふつう were）になる。

　 確認 （　　）内に適切な語を入れなさい。
　 その女の子たちはまるでお姫さまであるかのようにふるまう。
　 The girls behave (　　　) if they (　　　) princesses.

⑥ **Also, OriHime helps some students who cannot attend school for a variety of reasons.**

● some students を主格の関係代名詞 who の節が後ろから説明している。

⑦ **Using the robot, they can spend time with their friends as if they were together.**
- Using the robot, は「そのロボットを使うことによって」という意味の分詞構文。
- they は前文の some students who cannot attend school for a variety of reasons をさす。
- 〈as if + S' + V'〉は「まるで～であるかのように」という表現。

⑧ **This is exactly what Yoshifuji wanted when he was young.**
- This は前文の内容全体をさす。
- what は関係代名詞。〈what + S' + V'〉で「S'がV'すること」という意味になる。
- when ～は「～する［である］とき」の意味の接続詞。

⑨ **Thanks to OriHime, people can "be" in places where they could not be before.**
- thanks to ～で「～のおかげで」という意味になる。
- ここの "be" は「いる」という存在の意味を表す。実際にその場にいるわけではなく OriHime という分身を通して「いる」ので、" " がついている。
- where は場所を表す関係副詞。where ～の部分が places を後ろから説明している。

⑩ **Yoshifuji's robots are changing many people's lives and giving them hopes for the future.**
- changing と giving が and でつながれている。
- many people's lives の lives は life「生活、人生」の複数形。
- giving them hopes for the future は〈give + 人 + もの〉の形。them は直前の many people をさす。

文型と文法の解説

1 条件を表す if 節

◉ 「もし〜ならば、…だ」 = [if 〜, S + V]

If they use OriHime, they can talk with other people near the robot.
「(もし) 彼らがオリヒメを使えば」

((もし) 彼らがオリヒメを使えば、彼らはロボットの近くのほかの人々と話すことができる)

　「(もし)〜ならば」という条件を表すときは、〈if + S' + V'〉の形を使う。条件を表す if 〜の節では、未来のことでも動詞は現在形にする。

　例 **If** you go to see the movie, I'll go with you.
　　(もしあなたが映画を見に行くならば、私もあなたと一緒に行きます)
　　If you are busy tomorrow, I'll help you.
　　(もしあなたが明日忙しいならば、私があなたを手伝います)

2 仮定法過去

◉ 「もし〜ならば、…できるだろうに」 = [if 〜, S + could + V (…)] (if 節の動詞は過去形)

If I **had** an avatar, I **could be** with my classmates ....
「もし自分に分身がいるならば」

(もし自分に分身がいるならば、クラスメートと一緒にいられるだろうに)

　現在の事実に反することや実現する可能性が低いことを表すとき、〈if 〜, S + could + V〉「もし〜ならば、…できるだろうに」という仮定法過去の文を使う。could のかわりに would を使って「… (する) だろうに」、might を使って「…かもしれない」と表現することもできる。仮定法過去の文では、if 節の動詞を過去形にする。if 節の動詞が be 動詞の場合は、主語が何であってもふつう were を使う。

　例 **If** you **lived** near here, I **could go** and see you.
　　(もしあなたがこの近くに住んでいたら、私はあなたに会いに行けるのに)
　　If it **were** not rainy, I **could play** tennis.
　　(もし雨でなかったら、私はテニスができるのに)

3 I wish 〜

◉ 「〜ならいいのに (なあ)」 = ［I wish + S'+ V'］（V'は過去形）

I wish OriHime could help more people.
　　　　　(S')　　　　(V')

（オリヒメがもっと多くの人々を助けられたらいいのになあ）

〈I wish + S' + V'〉で現在の事実とは異なる、あるいは実現の可能性が低い「〜ならいいのになあ」という願いを表す。I wishのあとにくる動詞または助動詞は過去形（be動詞はwere）になる。

例 I wish I could dance well.
（じょうずに踊れたらいいのになあ）

I wish Michael were here.
（マイケルがここにいたらいいのになあ）

4 as if 〜

◉ 「まるで〜であるかのように」 = ［as if + S'+ V'］（V'は過去形）

The workers can talk with their coworkers as if they were in
　　　　　　　　　　　　　　　　　　　　　　　　(S')　　(V')
the same workplace.
（その従業員たちは、まるで同じ職場にいるかのように同僚と話すことができる）

「まるで〜であるかのように」と言うときは、〈as if + S' + V'〉の形を使う。as ifのあとにくる動詞は過去形（be動詞はふつう were）になる。

例 The woman speaks as if she knew everything.
（その女性はまるで何もかもを知っているかのように話す）

The man loves the dog as if it were his child.
（その男性はまるで自分の子どもであるかのようにその犬を愛している）

確認問題

1 下線部の発音が同じものには○、違うものには×を（　　）に書き入れなさい。

(1) ro̱bot ― remo̱te　　　　（　　　）

(2) mi̱crophone ― parti̱cipate　　（　　　）

(3) free̱ly ― extre̱mely　　　（　　　）

(4) co̱ntest ― lo̱nely　　　　（　　　）

(5) ba̱sically ― exa̱ctly　　　（　　　）

2 　　　　　から最も適切な語を選び、必要に応じて形を変えて（　　）に書き入れなさい。

(1) The company has（　　　）across the world.

(2) Paul feels（　　　）when he is alone at home.

(3) Are you going to（　　　）the meeting in the afternoon?

(4) A famous architect（　　　）this building thirty years ago.

(5) You can communicate with people in（　　　）places through the Internet.

design	customer	attend	remote	lonely

3 日本語に合うように、（　　）内に適切な語を入れなさい。

(1) だれがその猫の世話をするのですか。

Who takes（　　　）（　　　）the cat?

(2) 私は基本的にあなたに賛成です。

I（　　　）agree with you.

(3) その水泳プールは夏の期間だけ開いている。

The swimming pool is only open during the summer（　　　）.

(4) 年配の人々に親切にしなさい。

Be kind to（　　　）people.

(5) その人形は30センチメートルの高さだ。

The doll is 30（　　　）tall.

4 日本語に合うように、( )内に適切な語を入れなさい。

(1) あなたは今までにボランティア活動に参加したことがありますか。

Have you ever ( ) ( ) in volunteer activities?

(2) 私たちはこの家に3年半住んでいる。

We have lived in this house for three and a ( ) ( ).

(3) 父は工業高校を卒業した。

My father graduated from an ( ) ( ) school.

(4) 男性は部屋の中を動き回った。

The man ( ) ( ) in the room.

(5) オンラインショッピングは店に行く時間がない人々にとって便利だ。

Online shopping is useful for ( ) ( ) don't have time to go to stores.

5 次の英語を日本語に訳しなさい。

(1) If you are free after school, let's play basketball.

_____

(2) My sister can sing as if she were a professional singer.

_____

(3) I wish you were interested in climbing mountains.

_____

6 日本語に合うように、[ ]内の語を並べかえなさい。

(1) もし明日雪が降ったら、私は家にいるつもりだ。

[tomorrow / will / if / snows / I / it / stay / ,] home.

_____ home.

(2) もし私が王様だったら、大きい城を建てるのに。

[king / if / build / were / I / I / a / would / ,] a big castle.

_____ a big castle.

(3) あなたみたいに速く泳げたらいいのに。

[wish / you / swim / I / I / like / could / fast].

_____

7 次の英文を読み、設問に答えなさい。

Even after Yoshifuji successfully created OriHime, he was never satisfied. He thought, "①I (　　　) OriHime (　　　) (　　　) more people." So he started to develop OriHime-D. It basically has the same functions as OriHime. However, it can move around and carry things, and it is about 120 centimeters tall.

In 2018, OriHime-D was used in a robot café in Tokyo for the first time. The robots were controlled by people with physical disabilities in remote places. Through OriHime-D, they carried drinks and communicated with the customers.

Using the robots, people with physical disabilities felt the joy of working. ②In other words, they were able to feel that they participated in society.

(1) 下線部①が「オリヒメがもっと多くの人々を助けられたらいいのになあ」という意味になるように、空所に適する語を入れなさい。

_____　_____　_____

(2) 下線部②を、theyがさすものを明らかにして日本語に訳しなさい。

_____

_____

(3) オリヒメDの特徴をまとめた次の表の⑦、④の空所に入る日本語や数字をそれぞれ書きなさい。

できること	動きまわる
	⑦ (　　　　　　　　　　　　　　　　)
高さ	④ (　　　　　　)cm

(4) 英文の内容に合うように、次の質問に英語で答えなさい。

In a robot café in Tokyo, what did people with physical disabilities feel when they use OriHime-D?

_____

_____

Kadono Eiko and the Power of Imagination

　『魔女の宅急便』の映画を見たり、本を読んだりしたことのある人は多いのではないでしょうか。また、児童書「アッチ・コッチ・ソッチのちいさなおばけ」シリーズを子どもの頃に読んだことのある人もいるかもしれません。これらの本の作者、角野栄子さんは、東京生まれの児童文学作家です。大学を卒業してから出版社に勤務したのち結婚し、夫と一緒にブラジルに移住して、そこで2年間をすごしました。帰国して数年後、大学時代の恩師からブラジルの子どもについて書くようにと促され、初めての書籍『ルイジンニョ少年　ブラジルをたずねて』を執筆。これが角野さんのデビュー作となりました。その後多数の人気作品を生み出した角野さんは、野間児童文芸賞や国際アンデルセン賞など数多くの賞を受賞しています。

　会社をやめてブラジルに行くことを決めたときも、作家を志していたわけでもなかったのに本を書こうと決めたときも、角野さんはそれまで経験したことのない新しいことに思い切って飛び込みました。新しいことに挑戦するのは勇気がいるもの。でもその挑戦こそが、角野さんの創作の原動力となっているのです。角野さんの生い立ちや創作エピソードなどを読んでみましょう。

Section 1

教科書p.132

読解のポイント

1. 本文中で挙げられている角野栄子さんの代表作は何ですか。
2. 2018年、角野さんに何が起きたでしょうか。

① I have written many children's stories for a long time. ② You may know one of my works, *Kiki's Delivery Service*. ③ It was translated into English, French, Swedish, and many other languages.

④ A young witch, Kiki, is the main character of the story. ⑤ At the age of 13, she leaves her home in order to become a real witch. ⑥ She flies on her broom to a new town with a cat named Jiji. ⑦ She starts a delivery service and works hard to be accepted in her new community. ⑧ She shows readers how to live in a positive way.

⑨ I have always enjoyed writing stories throughout my life. ⑩ So I am honored that I received the Hans Christian Andersen Award in 2018.

🅐🅑🅒 単語・語句の研究

☐ **imagination** [imædʒənéiʃn]	图 想像（力） 参考 imagine（〜を想像する）、imaginary（想像上の）
☐ work	作品
☐ **delivery** [dilívəri]	图 配達 参考 deliver（配達する）
☐ **service** [sə́:rvəs]	图 サービス、業務 参考 serve（〜のために働く）
☐ *Kiki's Delivery Service*	『魔女の宅急便』
☐ **translate(d)** [trǽnsleit(id)]	動 〜を翻訳する 参考 translation（翻訳）、translator（翻訳者）
☐ be translated into 〜	〜に翻訳される 例 Murakami Haruki's novels are translated into many languages.（村上春樹の小説は数多くの言語に翻訳されている）
☐ Swedish [swí:diʃ]	图形 スウェーデン語［人］（の） ▶発音に注意

□ **witch** [witʃ]	图 魔女、（女性の）魔法使い
	参考 wizard（（男性の）魔法使い）
□ in order to ~	~するために
	例 Ken moved to the US in order to study at a university there.（健はアメリカの大学で学ぶためにそこへ引っ越した）
□ **broom** [brú:m]	图 ほうき
□ **honor(ed)** [ánər(d)]	動 ~に光栄を与える
	参考 honor（光栄（なこと）、名誉）、honorable（名誉ある）
□ be honored that ~	~ということを光栄だと思う
	例 I am honored that I can help you.（お役に立てて光栄です）
□ **award** [əwɔ́:rd]	图 賞　▶発音に注意
	参考 award（（人などに賞などを）与える）
□ the Hans Christian Andersen Award	国際アンデルセン賞《「小さなノーベル賞」とも呼ばれる国際的な児童文学賞》

 解説

① **I have written many children's stories for a long time.**
- 〈have + 過去分詞（+ for + 期間）〉で「（…の間）~し（続け）ている」という継続を表す現在完了の文。

② **You may know one of my works, *Kiki's Delivery Service*.**
- 本レッスンは角野栄子さんによる講演を書き起こしたもので、You は講演の聞き手をさす。
- work(s) は「作品」の意味の名詞。
- one of my works = *Kiki's Delivery Service*。名詞（句）と別の名詞（句）をカンマ（,）で結んで説明を加える同格の関係。

③ **It was translated into English, French, Swedish, and many other languages.**
- It は前文の *Kiki's Delivery Service* をさす。
- be translated into ~で「~に翻訳される」の意味。

④ **A young witch, Kiki, is the main character of the story.**
- A young witch = Kiki の関係で、これが文の主語になっている。
- the story は②の *Kiki's Delivery Service* をさす。

⑤ **At the age of 13, she leaves her home in order to become a real witch.**
- at the age of ～は「～歳のとき」の意味。at the age of 13 は when she was 13 (years old) で書き換えることができる。
- in order to ～は「～するために」の意味。目的を表す不定詞の副詞的用法をより強調した形といえる。

⑥ **She flies on her broom to a new town with a cat named Jiji.**
- named は過去分詞の形容詞的用法。〈名詞 + named ～〉で「～と名づけられた…」つまり「～という名前の…」という意味になる。

⑦ **She starts a delivery service and works hard to be accepted in her new community.**
- She が文の主語。starts a delivery service と works hard to be accepted in her new community という 2 つの動詞句が and でつながれている。
- to be accepted は「受け入れられるために」の意味。

⑧ **She shows readers how to live in a positive way.**
- 文全体は SVO（人）O（物）の文。O（物）のところが〈how to + 動詞の原形〉「どのように～すべきか、～の仕方」になっている。
- ✎ 確認 （　　）内に適切な語を入れなさい。
  このカメラの使い方を私に教えてもらえますか。
  Can you tell me (　　) (　　) use this camera?

⑨ **I have always enjoyed writing stories throughout my life.**
- 〈have（ + always）+ 過去分詞〉で「（いつも）～し（続け）ている」という継続を表す現在完了の文。

⑩ **So I am honored that I received the Hans Christian Andersen Award in 2018.**
- be honored that ～で「～ということを光栄だと思う」という意味になる。

Section 2

教科書p.134

 **読解のポイント**

1. 角野さんが5歳のとき、どんなことがありましたか。
2. 角野さんは十代のころ、特にどのような物語が好きだった
   でしょうか。

₁ *Kiki's Delivery Service* and my other works were born from my imagination. ₂ It developed during my childhood.

₃ When I was five, my mother passed away. ₄ During the *obon* period, my father used to speak to her as if she were there. ₅ He said to her, "Welcome back. We moved the furniture. ₆ Be careful not to bump into anything." ₇ Although I could not see my mother, I believed that she was with us. ₈ I became curious about the invisible world.

I always liked stories when I was a child. ₉ I often asked my father to read stories to me. ₁₀ When I became a teenager, I read books every single day. ₁₁ I especially loved stories with happy endings.

A B C 単語・語句の研究

□ **childhood** [tʃáildhùd]   图 子ども時代
     参考 child（子ども）

□ **pass away**   亡くなる
     例 The man passed away at the age of 80.
     （その男性は80歳で亡くなった）

□ **furniture** [fə́:rnitʃər]   图 家具
     参考 furnish（家具を備え付ける）、furnished（家具付きの）

□ **be careful not to 〜**   〜しないよう気をつける
     例 Please be careful not to lose your key.
     （あなたの鍵をなくさないよう気をつけてください）

□ **bump** [bʌ́mp]   動 ぶつかる
     参考 bump（ぶつかること、（ぶつかってできた）こぶ）、bumper（（車の）バンパー）、bumpy（（道などが）でこぼこの）

□ **bump into 〜**   〜にぶつかる
     例 The car bumped into the wall.
     （その車は塀にぶつかった）

☐ **although** [ɔːlðóu]	接 ～にもかかわらず
☐ **curious** [kjúəriəs]	形 ～について好奇心が強い　▶発音に注意 参考 curiosity（好奇心）、curiously（興味ありげに）
☐ **(be) curious about ～**	～について知りたがる 例 The boy is curious about everything around him.（その男の子は自分の周りのあらゆることについて知りたがっている）
☐ **invisible** [invízəbl]	形 （目に）見えない 参考 visible（目に見える）、vision（視力、視界、光景）
☐ **teenager** [tíːnèidʒər]	名 ティーンエイジャー、十代の若者 ▶アクセントに注意 《通例-teen の付く13歳～19歳の若者をさす》
☐ **every single day**	くる日もくる日も 例 I listen to the song every single day. （私はその歌をくる日もくる日も聞いている）
☐ **ending(s)** [éndiŋ(z)]	名 結末 参考 end（終わる）

 解説

① *Kiki's Delivery Service* **and my other works were born from my imagination.**
- *Kiki's* ～ works までが文の主語。
- be born で「生まれる」という意味になる。

② **It developed during my childhood.**
- It は前文の my imagination をさす。

③ **When I was five, my mother passed away.**
- pass away は die の婉曲表現で、「亡くなる」の意味。

④ **During the** *obon* **period, my father used to speak to her as if she were there.**
- 〈used to +動詞の原形〉で「(以前は)よく～したものだ」という表現。

● 〈as if + S' + V'〉で「まるで~であるかのように」の意味を表す。V'がbe動詞の場合は、主語が何であってもふつうwereを使う。

⑤ **He said to her, "Welcome back.**

● Heは前文のmy father、herは③のmy motherをさす。

⑥ **Be careful not to bump into anything."**

● be careful not to ~で「~しないよう気をつける」という意味。〈not to + 動詞の原形〉の語順に注意する。

● bump into ~で「~にぶつかる」という表現。

⑦ **Although I could not see my mother, I believed that she was with us.**

● 〈although + S' + V'〉で「~にもかかわらず」の意味になる。

⑧ **I became curious about the invisible world.**

● (be) curious about ~は「~について知りたがる」。beをbecomeとすると、「知りたがるようになる」の意味になる。

⑨ **I often asked my father to read stories to me.**

● 〈ask + O (…) + to不定詞 (~)〉で「…に~するように頼む」という意味になる。

✍**確認** （　　）内に適切な語を入れなさい。

康司は兄に、歌うように頼んだ。

Koji (　　　　) his brother (　　　　) (　　　　).

⑩ **When I became a teenager, I read books every single day.**

● every single dayは「くる日もくる日も」の意味。

⑪ **I especially loved stories with happy endings.**

● ここのwithは「~のある」という付随を表す。

Section 3

教科書p.136

読解のポイント

1. 角野さんが物語を作るとき大切にしている2つのことは何ですか。
2. 『魔女の宅急便』は何をきっかけに生まれましたか。

① When I create a story, the images of the characters are important. ② *Kiki's Delivery Service* was born from my daughter's drawing. ③ It was a simple picture of a witch on a broom. ④ The picture made me imagine the character. ⑤ I imagined that a young girl like my daughter was flying over skyscrapers in New York.

⑥ The names of the characters are also essential. When I was young, I didn't like school. ⑦ However, my teacher remembered my given name and called me "*Eiko chan*" one day. ⑧ I felt very happy. ⑨ So when I write stories, I think carefully about the names of the characters. ⑩ Once I named the witch "Kiki", I felt that she was next to me. ⑪ She whispered, "Let's fly together."

A B C 単語・語句の研究

☐ **drawing** [drɔ́:iŋ]	名 絵 参考 draw((絵)を描く)
☐ **skyscraper(s)** [skáiskrèipər(z)]	名 超高層ビル 参考 sky(空)、scraper(こするもの)
☐ **essential** [isénʃl]	形 きわめて重要な 参考 essence(本質、最も重要なところ)、essentially(本質的に)
☐ **given** [gívn]	形 与えられた《give の過去分詞》
☐ given name	(姓に対する)名前
☐ one day	ある日 例 I visited an old temple one day. (ある日私は古い寺を訪れた)
☐ next to ~	~のとなりに 例 I sat next to my sister. (私は姉[妹]のとなりに座った)

□ **whisper(ed)**
[hwíspə*r*(d)]

働 ささやく

参考 whisper（ささやき声）

 解説

① **When I create a story, the images of the characters are important.**
- 〈when＋S'＋V'〉で「S'がV'するとき」の意味になる。

② ***Kiki's Delivery Service* was born from my daughter's drawing.**
- be born (from ～) で「(～から)生まれる」という表現になる。

③ **It was a simple picture of a witch on a broom.**
- Itは前文のmy daughter's drawingをさす。

④ **The picture made me imagine the character.**
- The pictureは前文のa simple picture of a witch on a broomをさす。
- 〈make＋O(…)＋動詞の原形(～)〉で「…に(強制的に)～させる」という表現になる。
- 確認 （　　）内に適切な語を入れなさい。
  その映画は私を泣かせた。
  The movie (　　　) me (　　　).

⑤ **I imagined that a young girl like my daughter was flying over skyscrapers in New York.**
- 〈imagine that＋S'＋V'〉で「S'がV'するところを想像する」の意味。
- ここのlikeは「～のような」という意味の前置詞。

⑥ **The names of the characters are also essential.**
- SVCの文で、The ～ charactersまでが文の主語。

⑦ **However, my teacher remembered my given name and called me "*Eiko chan*" one day.**
- However, は文全体にかかる「しかし、けれども」の意味。

- 文の主語は my teacher で、remembered my given name と called me "*Eiko chan*"という2つの動詞句がand で結ばれている形。
- 〈call + 人など（〜）+ …〉で「〜を…と呼ぶ」の意味になる。

  例 I'm Kentaro. Call me Ken.
  （ぼくは健太郎です。健と呼んでください）
- one day はここでは「（過去の）ある日」。「（未来の）いつか」という意味でも使うことができる。

  例 I want to go to the singer's concert one day.
  （私はいつかその歌手のコンサートに行きたい）

⑧ I felt very happy.

- felt は feel「〜と感じる」の過去形。全体は SVC の文で、I = very happy の関係になっている。

⑨ So when I write stories, I think carefully about the names of the characters.

- So は⑦と⑧の内容を受けて「だから」とつなげる接続詞。
- think about 〜で「〜について考える」の意味。ここでは間に carefully「注意深く」という副詞がはさまれている。

⑩ Once I named the witch "Kiki", I felt that she was next to me.

- ここの Once は「〜するとすぐに」という意味の接続詞。
- 〈name + 人など（〜）+ …〉で「〜を…と名づける」の意味になる。

  例 My sister named the dog John.
  （姉［妹］はその犬をジョンと名づけた）
- 〈feel that + S' + V'〉で「S'が V'だと感じる」の意味。

⑪ She whispered, "Let's fly together."

- She は前文の Kiki をさす。

Section 4

教科書 p.138

 読解のポイント

1. 角野さんは24歳のとき、どのようなことを決心しましたか。
2. キキと角野さんの共通点はどのようなところでしょうか。

① I like to experience something new. ② This influences my stories as well as my life. ③ When I was 24, I decided to live in Brazil with my husband. ④ I was really looking forward to seeing a new world. ⑤ I felt my heart beating.

Kiki has a similar experience. ⑥ When she leaves home for an unknown town, Jiji asks, "Are you sure you want to be a witch?" ⑦ She replies, "Yes. I've already made up my mind by myself." Actually, Kiki is happy when she leaves. She says, "I am so excited. ⑧ It's like opening a gift box."

⑨ This feeling is exactly how I felt when I headed for Brazil. ⑩ Jumping into a new world always inspires me and expands my imagination.

ABC 単語・語句の研究

☐ ~ as well as ...	…だけでなく~も 例 I like dogs as well as cats. （私は猫だけでなく犬も好きだ）
☐ look forward to ~	~を楽しみにする 例 I'm looking forward to seeing you. （あなたに会うのを楽しみにしています）
☐ **beat(ing)** [bíːt(iŋ)]	動 （脈が）打つ 参考 beat（(心臓の) 鼓動）
☐ leave ~ for ...	…に向かって~を出る 例 I leave home for school at seven. （私は7時に学校に向かって家を出る）
☐ **unknown** [ʌ̀nnóun]	形 未知の、知られていない 参考 un-（(形容詞などの前につけて) ~でない)、known（知れ渡っている）
☐ Are you sure ~?	本当に~ですか？ 例 Are you sure you don't need my help? （本当に私の手伝いは必要ありませんか）

☐ **replies** [ripláiz] <reply
　　　　　　　　　　　　　動 返事をする
　　　　　　　　　　　　　参考 reply (返事)

☐ **make up** *one's* **mind**
　　　　　　　　　　　　　決心する
　　　　　　　　　　　　　例 I've made up my mind to move to Kyoto.
　　　　　　　　　　　　　(私は京都に引っ越そうと決心した)

☐ **head for ~**
　　　　　　　　　　　　　~に向かう
　　　　　　　　　　　　　例 I'll head for the airport.
　　　　　　　　　　　　　(空港へ向かいます)

☐ **expand(s)** [ikspǽnd(z)]
　　　　　　　　　　　　　動 ~を広げる
　　　　　　　　　　　　　参考 expansion (拡大、膨張)

 解説

① **I like to experience something new.**
- something などの -thing で終わる代名詞を修飾するときは、形容詞を後ろに置く。something new で「何か新しいもの」の意味。

② **This influences my stories as well as my life.**
- ~ as well as ... で「…だけでなく~も」の意味になる。

③ **When I was 24, I decided to live in Brazil with my husband.**
- 〈decide to +動詞の原形〉で「~しようと決心する」の意味。

④ **I was really looking forward to seeing a new world.**
- look forward to ~は「~を楽しみにする」の意味。この to ~は不定詞ではないので、「~」の部分には (代) 名詞または動名詞がくることに注意。

⑤ **I felt my heart beating.**
- 〈feel + O (…) + ~ing〉で「…が~していると感じる」という意味になる。
- 確認 (　　) 内に適切な語を入れなさい。
アンは顔が赤くなっていくのを感じた。
Ann felt her face (　　　) red.

⑥ **When she leaves home for an unknown town, Jiji asks, "Are you sure you want to be a witch?"**
- she は前文の Kiki をさす。

- leave ～ for ... で「…に向かって～を出る」の意味になる。
- Jiji は Kiki の飼い猫の名前。
- Are you sure ～？は「本当に～ですか？」とたずねる言い方。

⑦ **She replies, "Yes. I've already made up my mind by myself."**
- She は 2 文前の Kiki をさす。
- make up *one's* mind で「決心する」の意味になる。decide とほぼ同じ意味を表す。
- by oneself で「ひとりで、独力で」の意味。
  例 My sister lives by herself.
  （姉はひとり暮らしをしている）

⑧ **It's like opening a gift box.**
- It は前に書かれている「（自宅を）出発する（そして未知の町へ行く）こと」をさす。
- like は「～のような」の意味の前置詞。あとには（代）名詞や動名詞が続く。

⑨ **This feeling is exactly how I felt when I headed for Brazil.**
- S(This feeling) V(is) C(how ～) の C の部分に間接疑問がきている文。
- when ～は「～するとき」の意味の接続詞。
- head for ～で「～に向かう」の意味になる。

⑩ **Jumping into a new world always inspires me and expands my imagination.**
- Jumping into a new world が文の主語。
- inspires me と expands my imagination という 2 つの動詞句が and で結ばれている。

文型と文法の解説

・・・

1 SVO$_1$O$_2$ (O$_2$＝ how to ～)

◉ 「…に～する方法を示す」＝ ［S ＋ show ＋ O (…) ＋ how to ～］

She shows readers how to live in a positive way.
(S)　(V)　(O$_1$)　　「どのように生きるか」→「生き方」(O$_2$)

(彼女は読者たちに前向きな生き方を示している)

〈show ＋ O (…) ＋ how to ～〉で「…に～する方法を示す」という意味になる。全体はSVO$_1$O$_2$の文で、O$_2$がhow to ～「～する方法」になった形。同じ形で、動詞はshow「～を示す」のほかにtell「～を伝える、教える」、teach「～を教える」などがよく使われる。また、〈疑問詞 ＋ to〉はwhat to ～「何を～するべきか」、when to ～「いつ～するべきか」、where to ～「どこで～するべきか」などを使うことができる。

例 Mr. Green teaches us **how to** speak English.
(グリーン先生は私たちに英語の話し方を教えてくれる)

Tell me **what to** buy at the supermarket.
(スーパーで何を買うべきか私に教えて)

・・・

2 SVO ＋ to不定詞

◉ 「…に～するように頼む」＝ ［S ＋ ask ＋ O (…) ＋ to不定詞 (～)］

I often **asked** my father to read stories to me.
(S)　　(V)　　(O)

(私はよく父に、私に物語を読むように頼んだ)

〈ask ＋ O (…) ＋ to不定詞 (～)〉は「…に～するように頼む」という意味。Oがto不定詞の意味上の主語になる。

同じ形で、〈want ＋ O (…) ＋ to不定詞 (～)〉は「…に～してほしい」、〈tell ＋ O (…) ＋ to不定詞 (～)〉は「…に～するように言う」という表現になる。

例 I **want** you **to watch** the movie.
(私はあなたにその映画を見てほしい)

My mother **told** me **to clean** my room.
(母は私に部屋をそうじするように言った)

3 SVOC（C＝動詞の原形）

◎ 「…に～させる」＝［S＋make＋O（…）＋動詞の原形（～）］

<u>The picture</u> **made** <u>me</u> <u>imagine</u> the character.
  (S)   (V)   (O)   (C)

（その絵は私にそのキャラクターを想像させた）

〈make＋O（…）＋動詞の原形（～）〉は「…に～させる」という使役の文で、Oは動詞の原形の意味上の主語となる。例えば上の例では、imagine the character「そのキャラクターを想像する」のはme「私」である。

同じ形でmakeのかわりにletを使うと「…に～させる、…が～することを許可する」、haveを使うと「…に～してもらう」という意味になる。

例 Let me **introduce** myself.
（私に自己紹介させてください）

I **had** the man **fix** the bike.
（私はその男性に自転車を修理してもらった）

4 SVOC（C＝現在分詞）

◎ 「…が～していると感じる」＝［S＋feel＋O（…）＋～ing］

<u>I</u> **felt** <u>my heart</u> **beating**.
(S) (V)   (O)   (C)

（私は自分の心臓が打っていると感じた）

〈feel＋O（…）＋～ing〉で「…が～していると感じる」という意味になる。同じ形でfeelをhearにかえると「…が～しているのが聞こえる」、seeにかえると「…が～しているのが見える」の意味を表す。補語（C）には、動詞の原形を使うこともある。

例 I **heard** a bird **singing**.
（鳥が歌っているのが聞こえた）

I **saw** Steven **running** along the street.
（スティーブンが道沿いに走っているのが見えた）

155

確認問題

1 下線部の発音が同じものには○、違うものには×を（　　）に書き入れなさい。

(1) aw<u>ar</u>d — st<u>ar</u>t　　　　（　　　）

(2) b<u>u</u>mp — c<u>u</u>rious　　　（　　　）

(3) s<u>er</u>vice — f<u>ur</u>niture　（　　　）

(4) t<u>ea</u>ger — b<u>ea</u>t　　　（　　　）

(5) w<u>i</u>tch — ch<u>i</u>ldhood　（　　　）

2 ［　　　　］から最も適切な語を選び、必要に応じて形を変えて（　　）に書き入れなさい。

(1) I cleaned the room with a (　　　　).

(2) We have been friends since our (　　　　).

(3) (　　　　) I was tired, I continued to practice baseball.

(4) There are a lot of Japanese (　　　　) in the museum.

(5) The sad (　　　　) of the movie made us cry.

childhood	drawing	although	ending	broom

3 日本語に合うように、（　　）内に適切な語を入れなさい。

(1) 子どもたちはすばらしい想像力を持っている。

Children have a great (　　　　).

(2) 魔女は魔法を使う。

(　　　　) use magic.

(3) 田中さんはイタリア製の家具を買った。

Ms. Tanaka bought (　　　　) made in Italy.

(4) 少女は私に「ありがとう」とささやいた。

The girl (　　　　) to me, "Thank you."

(5) 母は十代のころ、サッカーをしていた。

My mother played soccer when she was a (　　　　).

4 日本語に合うように、(　　) 内に適切な語を入れなさい。

(1) その作家の父親は昨年亡くなった。

The writer's father (　　　) (　　　) last year.

(2) その子どもは木にぶつかった。

The child (　　　) (　　　) a tree.

(3) 美術館のとなりにカフェがある。

There is a café (　　　) (　　　) the museum.

(4) 私たちは空港に向かってホテルを出た。

We (　　　) the hotel (　　　) the airport.

(5) ある日、私たちは富士山に登った。

(　　　) (　　　), we climbed Mt. Fuji.

5 次の英語を日本語に訳しなさい。

(1) Can you tell me where to buy tickets?

_____

(2) I want you to come with me.

_____

(3) The man let me use his pen.

_____

6 日本語に合うように、[　　] 内の語句を並べかえなさい。

(1) 私はだれかが私の肩にさわるのを感じた。

[I / my shoulder / felt / touching / someone].

_____

(2) 私は貴紀が舞台で踊っているのを見た。

[Takanori / I / the / dancing / saw / on] stage.

_____ stage.

(3) 母が私に買い物に行くよう頼んだ。

[me / shopping / to / my mother / asked / go].

_____

7 次の英文を読み、設問に答えなさい。

I have written many children's stories for a long time. You may know ①one of my works, *Kiki's Delivery Service*. It was translated （　②　） English, French, Swedish, and many other languages.

A young witch, Kiki, is the main character of the story. At the age of 13, she leaves her home ③[become / real / a / in / to / witch / order]. She flies on her broom to a new town with a cat named Jiji. She starts a delivery service and works hard to be accepted in her new community. ④She shows readers how to live in a positive way.

I have always enjoyed writing stories throughout my life. ⑤So (　　　　) I received the Hans Christian Andersen Award in 2018.

(1) 下線部①がさすものを、本文から抜き出して書きなさい。

_____

(2) 空所②に入る適切な前置詞を書きなさい。

_____

(3) 下線部③が「本物の魔女になるために」という意味になるように、[　]内の語を並べかえなさい。

_____

(4) 下線部④を、Sheがさすものを明らかにして日本語に訳しなさい。

_____

(5) 下線部⑤が「私は2018年に国際アンデルセン賞を受賞したことを光栄に思う」という意味になるように、空所に適する4語の英語を入れなさい。

_____ _____ _____ _____

(6) 英文の内容に合うように、次の質問に英語で答えなさい。

What does Kiki start in a new town?

_____

SDGs — Sustainable Development Goals

　今日の地球は、気候変動や貧困など、多くの課題に直面しています。人類が安定してこの地球上で暮らし続けることができるように世界中の人々が話し合った結果、2015年にSDGs（持続可能な開発目標）が策定されました。これは2030年までに持続可能でよりよい世界を目指す国際目標です。「貧困をなくそう」「人や国の不平等をなくそう」「つくる責任・つかう責任」「海の豊かさを守ろう」「平和と公正をすべての人に」といった17の国際目標が掲げられています。

　こうした目標を達成するために、私たちが具体的にできることは何でしょうか。このLESSONでは生徒たちによるマイクロプラスチックとファストファッションについてのプレゼンテーションが紹介されています。これを読み、まず自分たちがこれらの問題についてできることは何かを考えましょう。そして持続可能な開発目標を達成し、地球をより住みやすい環境にしていくために、さらにできることはあるのか、考えてみましょう。

Model
1 ❶❷
教科書p.148

読解のポイント

1. マイクロプラスチックはどのようにしてできますか。
2. マイクロプラスチックについて、科学者はどのようなことを心配していますか。

❶

Hello, everyone. ①Today, our group will talk about microplastics. ②As you know, plastics are very useful. ③However, many of them end up in the ocean as waste. ④The waves then break these plastics into particles called "microplastics." ⑤Also, microbeads used in health and beauty products come into the ocean.

❷

⑥Next, I'll talk about why microplastics are a problem. ⑦The main reason is related to the food chain. ⑧Birds and fish eat microplastics by mistake. ⑨In one study, microplastics were found in 40% of fish caught near Japan. ⑩Scientists worry that negative effects on human health might show up someday.

🅐🅑🅒 単語・語句の研究

☐ **sustainable** [səstéinəbl]	形 持続可能な 参考 sustain (～を持続させる)
☐ **development** [divéləpmənt]	名 開発 参考 develop (～を開発する)
☐ **microplastic(s)** [màikrouplǽstik(s)]	名 マイクロプラスチック 参考 micro- (小、微小)、plastic (プラスチック)
☐ **as you know**	ご存知のように 例 As you know, a new teacher will come to our school next week. (ご存知のように、来週新しい先生が私たちの学校に来ます)
☐ **end up in ～**	最後は～に行きつく 例 The game ended up in a tie. (その試合は最後は引き分けとなった)
☐ **waste** [wéist]	名 ごみ、廃棄物 参考 waste (～をむだにする)、wasteful (むだの多い)

☐ **particle(s)** [páːrtikl(z)]　名 小片
参考 particulate（微粒子）

☐ **microbead(s)** [màikroubíːd(z)]　名 マイクロビーズ

☐ **beauty** [bjúːti]　名 美容
参考 beauty（美しさ）、beautiful（美しい）、
beautifully（美しく）

☐ **related** [riléitid]　形（〜と）関係のある
参考 relate（（〜を）関係させる）、relation（関
係）、relationship（関係）

☐ be related to 〜　〜に関係している
例 Food is related to health.
（食べ物は健康に関係している）

☐ **chain** [tʃéin]　名 鎖、チェーン

☐ food chain　食物連鎖

☐ by mistake　間違って
例 Sorry, I called you by mistake.
（ごめん、間違ってあなたに電話しました）

☐ **negative** [négətiv]　形 否定的な、悪い
参考 positive（肯定的な）

☐ **effect(s)** [ifékt(s)]　名 影響、効果

☐ show up　現れる
例 The woman showed up in a new dress.
（女性は新しいドレスで現れた）

☐ **someday** [sʌ́mdèi]　副 将来、いつか

 解説

❶

① **Today, our group will talk about microplastics.**
● プレゼンテーションの最初に、will talk about 〜「〜について話します」
の形でテーマを述べている。

② **As you know, plastics are very useful.**
● as you know は「ご存知のように」の意味。

③ **However, many of them end up in the ocean as waste.**
● them は前文の plastics をさす。

- end up in ～で「最後は～に行きつく」の意味。

④ **The waves then break these plastics into particles called "microplastics."**
- break O into ～で「O を壊して～にする」という意味になる。
- called は過去分詞の形容詞的用法で、「～と呼ばれる」の意味。

⑤ **Also, microbeads used in health and beauty products come into the ocean.**
- 主語 microbeads を、used in health and beauty products が後ろから説明している。
- health and beauty products は「健康美容製品」。

❷
⑥ **Next, I'll talk about why microplastics are a problem.**
- 間接疑問文。Why are microplastics a problem?「なぜマイクロプラスチックが問題なのか」という疑問文が〈why + S' + V'〉の語順で about の目的語になっている。

⑦ **The main reason is related to the food chain.**
- The main reason とは、前文の why microplastics are a problem という疑問への答えとなる主な理由ということ。
- be related to ～は「～に関係している」の意味。

⑧ **Birds and fish eat microplastics by mistake.**
- fish は単複同形。ここでは a がないので複数を表している。
- by mistake は「間違って」の意味。

⑨ **In one study, microplastics were found in 40% of fish caught near Japan.**
- fish を caught near Japan が後ろから説明する形。

⑩ **Scientists worry that negative effects on human health might show up someday.**
- negative effect (on ～) は「(～への) 悪影響」の意味。
- show up は「現れる」の意味。

Model 1 ❸❹

教科書p.149

読解のポイント

1. マイクロプラスチック対策として、EUではどのような法律がありますか。
2. 4Rとはどのようなものでしょうか。

❸

₁ Now, I'll talk about actions against microplastics. ₂ Many actions are taken at the governmental and non-governmental levels. ₃ In the EU, a law bans the use of plastics for some disposable products. ₄ In Japan, major companies have already ended the use of microbeads.

❹

₅ Let me conclude with what we can do. ₆ I recommend the 4Rs: refuse, reduce, reuse, and recycle. ₇ For example, bring your own bag when you go shopping. ₈ Put plastics in the recycle bin when you throw them away. ₉ Your small actions will lead to a big change someday.

A B C 単語・語句の研究

☐ governmental [gÀvərnméntl]	形 政府の 参考 govern((国家などが国や地域などを)治める)、governance((国家の)統治(法)、(組織の)運営(方式))、government(政府)
☐ non-governmental [nÀngÀvərnméntl]	形 非政府の 参考 non-(非〜、〜のない)
☐ **ban(s)** [bǽn(z)]	動 〜を禁止する 参考 ban(禁止)
☐ disposable [dispóuzəbl]	形 使い捨ての 参考 disposal(処分)、dispose of 〜(〜を処分する)
☐ **conclude** [kənklúːd]	動 結論づける 参考 conclusion(結論)
☐ **recommend** [rèkəménd]	動 〜を(するように)すすめる 参考 recommendation(すすめ、推薦)
☐ **refuse** [rifjúːz]	動 〜を断る、拒否する 参考 refusal(断り、拒否)

☐ **reuse** [rìːjúːz]	動 〜を再利用する 参考 reuse（再利用）、reusable（再利用できる）
☐ **recycle** [rìːsáikl]	動 〜をリサイクルする、再利用する 参考 recycling（リサイクル、再利用）
☐ **bin** [bín]	名 ごみ入れ、物入れ 参考 recycle bin（リサイクル用分別箱）
☐ **throw away 〜**	〜を捨てる 例 Can you throw away the garbage? （そのごみを捨ててもらえますか）

 解説

❸

① **Now, I'll talk about actions against microplastics.**
- ここの Now, は「さて」と話を転換するときの言い方。
- I'll talk about 〜でプレゼンテーションのテーマを提示している。
- action(s) against 〜は「〜に対する行動」の意味。

② **Many actions are taken at the governmental and non-governmental levels.**
- actions は前文の actions against microplastics をさす。

③ **In the EU, a law bans the use of plastics for some disposable products.**
- EU は European Union（欧州連合）。
- a law は EU で 2019 年 7 月に発効し、2021 年 7 月に適用が一部開始された「特定プラスチック製品の環境負荷低減に関わる指令（Directive on the reduction of the impact of certain plastic products on the environment）」をさす。
- use は「使用」の意味の名詞。この場合、発音は [júːs] となるので注意。

④ **In Japan, major companies have already ended the use of microbeads.**
- 「すでに〜した」という完了を表す現在完了の文。
- major company は「大企業」の意味。

❹
⑤ **Let me conclude with what we can do.**
- ⟨let + O + V⟩で「Oに～させる［～することを許可する］」という表現。ここでは命令文で、「～させてください」という意味になる。
- conclude with ～で「～で（プレゼンテーションなどを）締めくくる」の意味。
- ここのwhatは関係代名詞。whatは先行詞を含む関係代名詞で、⟨what + S' + V'⟩で「S'がV'すること」という意味を表す。

⑥ **I recommend the 4Rs: refuse, reduce, reuse, and recycle.**
- コロン（ : ）は例示をするときに使う。the 4Rsの具体的な例がrefuse、reduce、reuse、recycleの4つということ。
- 「AとBとCとD」のようにいくつもの単語を並べるときは、カンマ（ , ）でつないで最後の単語の前にだけandを入れる。

⑦ **For example, bring your own bag when you go shopping.**
- For example,「例えば」で4Rの例を挙げている。
- bring ～以降は命令文。「～しよう」と呼びかけている。

⑧ **Put plastics in the recycle bin when you throw them away.**
- put ～ in ... で「～を…に入れる」という意味になる。
  例 Michael put his phone in his bag.
  （マイケルは電話をバッグに入れた）
- throw away ～で「～を捨てる」の意味になる。～の部分に代名詞が入るときは、throw ～ awayの語順になる。
  例 The cup was broken, so I threw it away.
  （そのカップは壊れていたので、私はそれを捨てた）

⑨ **Your small actions will lead to a big change someday.**
- lead to ～で「～につながる」の意味。

Model 2 ①②

教科書 p.150

読解のポイント

1. ファストファッションとはどのようなものですか。
2. ファストファッションの価格はどのようにして実現されて
   いるでしょうか。

❶

Good afternoon, everyone. ① Our group's topic is "fast fashion." ② Nowadays, many people buy cheap new clothes and throw away their old ones at a fast pace. ③ This trend is called fast fashion. ④ It may be attractive to consumers, but there are also negative aspects.

❷

⑤ Have you ever thought about the reasons for the low prices of fast fashion? ⑥ Let me give you an example. ⑦ In Bangladesh, workers in jeans factories are mostly women and children. ⑧ They work over 15 hours a day, but their monthly salary is only about 9,000 yen. ⑨ In this way, fast fashion companies can keep the cost of production to a minimum.

A B C 単語・語句の研究

☐ **topic** [tápik]	图 話題、トピック
☐ **fashion** [fǽʃn]	图 流行、ファッション 参考 fashionable (流行の)
☐ **nowadays** [náuədèiz]	副 近ごろ (では)
☐ **at a fast pace**	速いペースで 例 Kazuki walks at a fast pace. (一紀は速いペースで歩く)
☐ **trend** [trénd]	图 傾向、流行 参考 trendy (最新流行の)
☐ **attractive** [ətrǽktiv]	形 魅力的な 参考 attract (〜を引きつける)、attraction (引きつけること、魅力)
☐ **consumer(s)** [kənsú:mər(z)]	图 消費者 参考 consume (〜を消費する)、consumption (消費)
☐ **aspect(s)** [ǽspekt(s)]	图 面、側面

☐ Bangladesh [bæ̀ŋɡlədéʃ] 　　图 バングラデシュ((国名))

☐ **mostly** [móustli] 　　副 大部分は
　　　　　　　　　　　　参考 most(大部分(の))

☐ **monthly** [mánθli] 　　形 毎月の
　　　　　　　　　　　　参考 month(月)

☐ **salary** [sǽləri] 　　图 給料

☐ **yen** [jén] 　　图 円(日本の通貨単位)

☐ **minimum** [mínəməm] 　　图 最少額、最小限
　　　　　　　　　　　　参考 minimize(～を最小化する)

 解説

❶

① **Our group's topic is "fast fashion."**
　● topic「トピック、主題」を最初に提示する。

② **Nowadays, many people buy cheap new clothes and throw away their old ones at a fast pace.**
　● many people が文の主語。buy cheap new clothes と throw away their old ones という2つの動詞句が and でつながれている。
　● 文後半の ones は clothes をさす。new clothes ⇔ old ones (= clothes) の対比になっている。

③ **This trend is called fast fashion.**
　● This trend は前文に書かれている内容全体をさす。
　● be called ～ で「～と呼ばれている」の意味になる。

④ **It may be attractive to consumers, but there are also negative aspects.**
　● It は前文の fast fashion をさす。
　● be attractive to ～ で「～にとって魅力的だ」という表現。

❷

⑤ **Have you ever thought about the reasons for the low prices of fast fashion?**
　● 〈Have you ever + 過去分詞 ～?〉で「(今までに)～したことがありますか」

と経験をたずねる現在完了の文。

- the reason(s) for ～で「～の理由」という意味になる。

  例 What is the reason for your tears?
  （あなたの涙の理由は何ですか）

⑥ Let me give you an example.

- 〈let + O + V〉で「Oに～させる［～することを許可する］」という表現。命令文の形で「～させてください」というときによく使われる。
- 〈give（+ O）+ an example〉で「（Oに対して）例を挙げる」

⑦ In Bangladesh, workers in jeans factories are mostly women and children.

- SVCの文。workers in jeans factories = (mostly) women and children の関係。

⑧ They work over 15 hours a day, but their monthly salary is only about 9,000 yen.

- over は「～より多く」の意味。over 15 hours の場合、ふつう「15時間」は含まれないので注意。

  例 over 20 years old only（21歳以上のみ）
- a day は「1日あたり」の意味。

⑨ In this way, fast fashion companies can keep the cost of production to a minimum.

- keep ～ to a minimum で「～を最少額［最小限］に保つ」の意味になる。

Model 2 ❸❹

教科書p.151

読解のポイント

1. ファストファッションの問題点について、一部の大企業はどのような対策をとっていますか。
2. ファストファッションの問題点について、私たちにできるのはどのようなことでしょうか。

❸

① Do we have any solution to this problem? ② Actually, some consumers have been raising their voices against the situation. ③ Recently some major companies began to produce clothes in ethical ways. ④ They try to keep standard working hours and pay proper wages to factory workers.

❹

⑤ Finally, we'd like to conclude by introducing something we can do. ⑥ Let's be ethical consumers. ⑦ In other words, when you buy clothes, consider how they are made. ⑧ I strongly believe that good clothes bring happiness to both consumers and producers. ⑨ Thank you.

Ⓐ︎Ⓑ︎Ⓒ︎ 単語・語句の研究

☐ **voice(s)** [vɔ́is(iz)]
名 声
参考 vocal（声の）

☐ **raise** *one's* **voice against ~**
～に反対する
直訳すると「～に反対の声を上げる」となる。
例 People raised their voice against the law.
（人々はその法律に反対の声を上げた）

☐ **ethical** [éθikl]
形 道義にかなった、倫理の
参考 ethic（道徳、規範）

☐ **standard** [stǽndərd]
形 （規格などに沿った）標準的な
▶アクセントに注意
参考 standardize（～を標準化する）

☐ **proper** [prάpər]
形 適切な
参考 properly（適切に）

☐ **wage(s)** [wéidʒ(iz)]
名 賃金
▶発音に注意

☐ **consider** [kənsídər]
動 ～を（よく）考える
参考 consideration（よく考えること、熟考）、
considerable（かなりの）

☐ **strongly** [strɔ́:ŋli]	副 強く
	参考 strong（強い）、strength（強さ）
☐ **happiness** [hǽpinəs]	名 幸せ、幸福
	参考 happy（幸せな）、happily（幸福に）
☐ **producer(s)** [prədjúːsər(z)]	名 生産者、製造者
	参考 produce（生産［製造］する）、product（製品）、production（生産（高））、productive（生産的な）

 解説

❸

① **Do we have any solution to this problem?**
- solution to ～で「～の解決策」の意味になる。

② **Actually, some consumers have been raising their voices against the situation.**
- 〈have been ＋ ～ing〉で「（ずっと）～し（続け）ている」という現在完了進行形の文になる。
- raise *one's* voice against ～で「～に反対する」の意味。

③ **Recently some major companies began to produce clothes in ethical ways.**
- 〈begin to ＋動詞の原形〉で「～し始める」という表現。

④ **They try to keep standard working hours and pay proper wages to factory workers.**
- 〈try to ＋動詞の原形〉は「～しようとする」。ここでは keep standard working hours と pay proper wages to factory workers の両方に try to がかかっている。

❹

⑤ **Finally, we'd like to conclude by introducing something we can do.**
- 〈would like to ＋動詞の原形〉で「～したい」というていねいな言い方。
- 〈by ＋動名詞（～ing）〉で「～することにより」の意味を表す。

- somethingを後ろから直接〈S' + V'〉が修飾して、「S'がV'するもの」という意味になっている。

⑥ **Let's be ethical consumers.**
- Let's be 〜. は「〜になりましょう」と呼びかける言い方。

⑦ **In other words, when you buy clothes, consider how they are made.**
- in other wordsは「言い換えれば」の意味。
- 〈consider + how + S' + V'〉は間接疑問で、「どのようにS'がV'しているか考える」という表現になる。

⑧ **I strongly believe that good clothes bring happiness to both consumers and producers.**
- believe (that) 〜で「〜と信じる」という文になる。
- bring 〜 to ... で「…に〜を持ってくる」の意味。
  例 Do you bring lunch to school?
  （あなたは学校にお弁当を持ってきますか）
- both 〜 and ... で「〜も…も両方とも」の意味になる。
  例 Both my mother and father are from Kyoto.
  （母も父も京都の出身だ）

⑨ **Thank you.**
- プレゼンテーションやスピーチの最後はお礼を言って終わるのが基本。

確認問題

1 下線部の発音が同じものには○、違うものには×を（　　）に書き入れなさい。

(1) sust<u>ai</u>nable — w<u>a</u>ste　　　（　　　）

(2) t<u>o</u>pic — m<u>o</u>stly　　　（　　　）

(3) w<u>a</u>ge — h<u>a</u>ppiness　　　（　　　）

(4) b<u>eau</u>ty — ref<u>u</u>se　　　（　　　）

(5) g<u>o</u>vernment — m<u>o</u>nthly　　　（　　　）

2 ＿＿＿＿ から最も適切な語を選び、必要に応じて形を変えて（　　）に書き入れなさい。

(1) The (　　　) is made of steel.

(2) Plastic bottles are (　　　) into clothes.

(3) What's the (　　　) of today's meeting?

(4) I read a (　　　) magazine.

(5) The girl laughed with (　　　).

| topic | monthly | chain | happiness | recycle |

3 日本語に合うように、（　　）内に適切な語を入れなさい。

(1) いつかあなたの国を訪れたいです。

I'd like to visit your country (　　　).

(2) その美術館では写真撮影が禁止されている。

Taking pictures is (　　　) in the museum.

(3) 男性は私の質問に答えるのを拒否した。

The man (　　　) to answer my question.

(4) その会社は高い賃金を支払っている。

The company pays high (　　　).

(5) 少年はファッションに興味を持っている。

The boy is interested in (　　　).

4 日本語に合うように、(　　) 内に適切な語を入れなさい。

(1) だれかが間違って私の傘を持って行った。

Someone took my umbrella (　　　) (　　　).

(2) ポールは10分遅れで現れた。

Paul (　　　) (　　　) 10 minutes late.

(3) ご存知のように、ジョンはリバプール出身です。

(　　　) you (　　　), John is from Liverpool.

(4) そのチームは最後は3位になった。

The team (　　　) (　　　) in third place.

(5) ペットボトルを路上に捨てるな。

Don't (　　　) (　　　) plastic bottles on the street.

5 次の英語を日本語に訳しなさい。

(1) Lions are at the top of the food chain.

_____

(2) Stress has negative effects on your health.

_____

(3) Let me conclude by saying thank you.

_____

6 日本語に合うように、[　　] 内の語を並べかえなさい。

(1) その打ち合わせは練習のスケジュールに関係している。

[is / the / related / meeting / to] the practice schedule.

_____ the practice schedule.

(2) 私たちは政府に反対した。

[our / we / against / voice / raised] the government.

_____ the government.

(3) 兄は速いペースで本を読む。

My brother [a / books / pace / reads / fast / at].

My brother _____.

7 次の英文を読み、設問に答えなさい。

Now, ①I'll (　　　) actions against microplastics. Many actions are
②take at the governmental and non-governmental levels. In the EU, a law
bans the use of plastics for some disposable products. In Japan, ③major
companies have already ended the use of microbeads.
　　④[can / me / with / we / let / conclude / do / what]. I recommend
the ⑤4Rs: refuse, reduce, reuse, and recycle. For example, bring your
own bag when you go shopping. Put plastics in the recycle bin when you
throw them away. Your small actions will lead to a big change someday.

(1) 下線部①が「マイクロプラスチックに対する行動についてお話しします」
　　という意味になるように、空所に適する2語の英語を入れなさい。

　　――――――――――　　――――――――――

(2) 下線部②の単語を適切な形に直しなさい。

　　――――――――――

(3) 下線部③を日本語に訳しなさい。

　　――――――――――――――――――――――――――――――――

(4) 下線部④が「私たちができることで締めくくらせてください」という意
　　味になるように、[　]内の語を並べかえなさい。

　　―――――――――――――――――――――――――――――――.

(5) 下線部⑤がさすものを、本文から抜き出して書きなさい。

　　――――――――――――――――――――――――――――――――

(6) 本文の内容に合うように、次の質問に英語で答えなさい。
　　What should we do when we throw away plastics?

　　――――――――――――――――――――――――――――――――

The Tale of Johnny Town-Mouse

　世界中で親しまれているうさぎの物語『ピーターラビットのおはなし』を読んだことはありますか。主人公ピーターラビットのキャラクターが人気で、さまざまなグッズが販売されています。また近年は映画化もされているので、「ピーターラビット」の名を見聞きする機会も多いかもしれません。

　The Tale of Johnny Town-Mouse『まちねずみジョニーのおはなし』は『ピーターラビットのおはなし』の作者であるビアトリクス・ポターが書いたものです。ポターは1866年、イギリスのロンドンで上流階級の家に生まれました。当時、ポターのような上流階級の子どもたちは学校に通わず家庭教師をつけるのがふつうで、さらに厳格な両親が近所の子どもたちとの交流まで禁じていたため、ポターには友だちがいませんでした。そのかわり、ポターの家には犬、うさぎ、ねずみ、かめなど、さまざまなペットがいたので、これらの動物たちが大切な友だちになりました。また、毎年夏に湖水地方の別荘で過ごしていたポターは、自然に強いあこがれを抱くようになります。このような背景から、ピーターラビットや『まちねずみジョニーのおはなし』などの物語が生まれていったのです。

　物語を読み、自分の生まれ育った環境が自分の価値観にどのような影響を与えていくのか、考えてみましょう。

Scene 1

教科書p.156〜p.157 *l.*2

 読解のポイント

1. ジョニーとティミー・ウィリーはそれぞれどこで生まれましたか。
2. 毎週、庭師が門のそばに置いた野菜のかごはどうなるでしょうか。

① Johnny Town-Mouse was born in a cupboard. ② Timmy Willie was born in a garden.

③ Timmy Willie was a little country mouse who went to town by mistake in a basket. ④ The gardener sent vegetables to town once a week. ⑤ He packed them in a big basket. ⑥ Each week, the gardener left the basket by the garden gate. ⑦ The carrier picked it up when he passed. ⑧ This week, Timmy Willie sneaked into the basket. ⑨ After eating some peas, he fell asleep.

A B C 単語・語句の研究

☐ **tale** [téil]	图 物語、おはなし
☐ **Johnny** [dʒáni]	图 ジョニー((街のネズミの名前))
☐ **Beatrix Potter** [bíətriks pɔ́tə]	图 ビアトリクス・ポター((物語の作者の名前))
☐ **cupboard** [kʌ́bərd]	图 食器棚
☐ **Timmy Willie** [tími: wíli]	图 ティミー・ウィリー((田舎ネズミの名前))
☐ **basket** [bǽskət]	图 かご　▶アクセントに注意
☐ **gardener** [gáːrdnər]	图 庭師 参考 garden（菜園、庭）
☐ **pack(ed)** [pǽk(t)]	動 〜を詰める、梱包する
☐ **gate** [géit]	图 門
☐ **carrier** [kǽriər]	图 運送業者　▶アクセントに注意
☐ **sneak(ed)** [sníːk(t)]	動 こそこそ動く［入る、出る］
☐ **asleep** [əslíːp]	形 眠って 参考 sleep（眠る、睡眠）
☐ fall asleep	寝入る 例 The baby has just fallen asleep. （赤ちゃんはちょうど寝入ったところだ）

解説

① **Johnny Town-Mouse was born in a cupboard.**
- 〈be動詞 + born (in 〜)〉で「(〜で)生まれる」の意味。

② **Timmy Willie was born in a garden.**
- ①と対になる文。Johnny Town-Mouse と Timmy Willie、in a cupboard (食器棚で) と in a garden (庭で) が対比されている。

③ **Timmy Willie was a little country mouse who went to town by mistake in a basket.**
- a little country mouse を関係詞 who の導く節が後ろから修飾している。
- by mistake は「間違って」の意味。
  例 I deleted an important file by mistake.
  (私は間違って重要なファイルを消してしまった)

④ **The gardener sent vegetables to town once a week.**
- send O to 〜で「O を〜に送る」の意味。
- once a week は「週 1 回」。a には「〜につき、〜ごとに」の意味がある。
  例 I visit my grandparents once a month. (私は月 1 回祖父母を訪ねる)

⑤ **He packed them in a big basket.**
- He は前文の The gardener をさしている。

⑥ **Each week, the gardener left the basket by the garden gate.**
- ここの left は動詞 leave「〜を置いていく」の過去形。
- by は「〜のそばに」の意味の前置詞。

⑦ **The carrier picked it up when he passed.**
- it は前文の the basket をさす。

⑧ **This week, Timmy Willie sneaked into the basket.**
- sneak into 〜で「〜の中にこそこそ入る」の意味。

⑨ **After eating some peas, he fell asleep.**
- he は前文の Timmy Willie をさす。
- fall asleep は「寝入る」の意味。

Scene 2

教科書p.157 *l*.3〜p.157 *l*.18

 読解のポイント

1. 目を覚ましたとき、ティミー・ウィリーはどのような状況にいましたか。
2. ティミー・ウィリーはなぜ怖いと思いましたか。

He suddenly woke up. ① <u>He felt the basket moving around.</u> He could also hear the sound of horse's feet. ② <u>Over time, other packages were thrown into the carrier's cart.</u> He felt nervous among the vegetables.

③ <u>At last the cart stopped at a house.</u> ④ <u>The basket was taken out, carried in, and set down.</u> The cart rumbled away. But the place wasn't peaceful. ⑤ <u>There were many carts passing; dogs barked; boys played in the street; the cook laughed.</u> ⑥ <u>Timmy Willie was very frightened since he had lived all his life in a garden.</u> The cook began to unpack the vegetables. Timmy Willie jumped out of the basket. The cook yelled, "A mouse! A mouse! Call the cat!" ⑦ <u>Timmy Willie quickly ran into a little hole in the wall.</u>

単語・語句の研究

☐ over time	やがて 例 The girl will get well over time. （少女はやがて（病気が）よくなるだろう）
☐ **package(s)** [pǽkidʒ(iz)]	图 小包、（商品の）パッケージ 参考 pack（（荷物）を詰める）
☐ **cart** [káːrt]	图 荷馬車、荷車
☐ **nervous** [nə́ːrvəs]	形 心配して、不安で　▶発音に注意 参考 nerve（神経）
☐ at last	ついに 例 At last I passed the exam. （ついに私はその試験に合格した）
☐ **rumble(d)** [rʌ́mbl(d)]	動 （車などが）ガラガラ進む
☐ **bark(ed)** [báːrk(t)]	動 （犬などが）ほえる
☐ **frightened** [fráitnd]	形 おびえた、ひどく驚いた
☐ **unpack** [ʌnpǽk]	動 （包み、荷物）を解く
☐ **yell(ed)** [jél(d)]	動 大声で叫ぶ、どなる

解説

① **He felt the basket moving around.**
- He は 3 文前に出てきた Timmy Willie をさす。

② **Over time, other packages were thrown into the carrier's cart.**
- over time は「やがて」という表現。
- throw O into ～で「O を～に投げ込む」の意味。ここでは受け身の形で使われている。

③ **At last the cart stopped at a house.**
- at last は「最後に、ついに」の意味。

④ **The basket was taken out, carried in, and set down.**
- 受け身の文。The basket was のあとに、taken out、carried in、set down という 3 つの過去分詞句が等位につながれている。
- take out ～は「～を取り出す」、carry in ～は「～を運び込む」、set down ～は「～を降ろす」の意味。

⑤ **There were many carts passing; dogs barked; boys played in the street; the cook laughed.**
- 〈There + be 動詞 + 名詞 (…) + 現在分詞 (～ing)〉で「…が～している」という意味を表す。
- セミコロン (;) は文と文をつなぐ接続詞の役割。

⑥ **Timmy Willie was very frightened since he had lived all his life in a garden.**
- ここの since は「～なので」という理由を表す接続詞。
- 〈had + 過去分詞〉は過去の一時点 (ここでは Timmy Willie が怖がっていた時点) よりさらに前のことを表すときに使う過去完了の表現。

⑦ **Timmy Willie quickly ran into a little hole in the wall.**
- run into ～で「～ (の中) に走りこむ」の意味を表す。

Scene 3

教科書p.157 *l*.19～p.158 *l*.13

 読解のポイント

1. ジョニーはティミー・ウィリーに出会ったとき、どのように対応しましたか。
2. ティミー・ウィリーが食欲をなくしたのはなぜでしょうか。

① He crashed into the middle of a mouse dinner party. ② "Who is this?" asked Johnny Town-mouse with great surprise. ③ But Johnny quickly realized he should be polite to the new mouse. ④ He introduced Timmy Willie to nine other mice, all with long tails and white neckties. They were formal town mice.

⑤ The dinner consisted of eight courses. ⑥ All the dishes were unknown to Timmy Willie. ⑦ But he was very hungry and felt he should try them. He wanted to be polite. ⑧ During dinner, Timmy Willie learned that a cat was chasing some young mice upstairs. ⑨ The mice came running in, squeaking and laughing. He couldn't believe it. He lost his appetite. He felt faint.

"Would you like to rest?" asked Johnny. "I will show you a very comfortable sofa pillow." ⑩ Johnny said it was the best bed, but it smelled of cat. ⑪ Timmy Willie preferred sleeping on the floor.

A B C 単語・語句の研究

- ☐ **crash(ed)** [krǽʃ(t)] 動 突進する、衝突する
- ☐ **with (great) surprise** （とても）驚いたようすで
  例 Kaoru looked at me with surprise.
  （薫は驚いたようすで私を見た）
- ☐ **polite** [pəláit] 形 礼儀正しい
  参考 politely（丁重に）、politeness（礼儀正しさ）
- ☐ **mice** [máis] <mouse 名 mouse（ネズミ）の複数形
- ☐ **necktie(s)** [néktài(z)] 名 ネクタイ
- ☐ **formal** [fɔ́ːrməl] 形 格式の高い
- ☐ **consist(ed)** [kənsíst(id)] 動 （consist of ～で）～から成る
- ☐ **consist of ～** ～から成る
  例 A soccer team consists of eleven players.
  （サッカーチームは11人の選手から成る）

☐ be unknown to 〜	〜になじみがない 例 The English word is unknown to me. （その英単語は私になじみがない）
☐ **squeak(ing)** [skwíːk(iŋ)]	動 （ネズミなどが）チューチュー鳴く
☐ **appetite** [ǽpətàit]	名 食欲
☐ **faint** [féint]	形 気絶しそうな、弱々しい 参考 faintly（かすかに）
☐ smell of 〜	〜のにおいがする 例 This room smells of gas. （この部屋はガスのにおいがする）
☐ **prefer(red)** [prifə́ːr(d)]	動 （prefer 〜ing で）〜する方を好む ▶アクセントに注意 参考 preferable（（何かと比較して）好ましい）、 preference（好み）

 解説

① **He crashed into the middle of a mouse dinner party.**
 ● crash into 〜で「〜の中に突進する」の意味。

② **"Who is this?" asked Johnny Town-mouse with great surprise.**
 ● with (great) surprise は「（とても）驚いたようすで」の意味。

③ **But Johnny quickly realized he should be polite to the new mouse.**
 ● 〈realize (that) + S' + V'〉で「S'がV'だと気づく」の意味を表す。
 ● be polite to 〜で「〜に対して礼儀正しくする」の意味になる。

④ **He introduced Timmy Willie to nine other mice, all with long tails and white neckties.**
 ● introduce 〜 to ... で「〜を…に紹介する」の意味。
 ● all with long tails and white necktiesがmiceを後ろから説明している。

⑤ **The dinner consisted of eight courses.**
- The dinner は①の a mouse dinner party の dinner。
- consist of 〜で「〜から成る」という意味になる。

⑥ **All the dishes were unknown to Timmy Willie.**
- be unknown to 〜で「〜になじみがない」の意味になる。

⑦ **But he was very hungry and felt he should try them.**
- 文の主語は he (= Timmy Willie)。he was very hungry という SVC の文 と (he) felt he should try them という SVO の文が組み合わさった形。
- 〈feel (that) + S' + V'〉で「S'がV'だと感じる」の意味を表す。

⑧ **During dinner, Timmy Willie learned that a cat was chasing some young mice upstairs.**
- 〈learn (that) + S' + V'〉で「S'がV'だということを知る」という意味を表す。

⑨ **The mice came running in, squeaking and laughing.**
- 〈come + 〜ing (付帯状況を表す現在分詞)〉で「〜しながら来る」という 意味を表す。

⑩ **Johnny said it was the best bed, but it smelled of cat.**
- 2つの it は前文の a very comfortable sofa pillow をさす。
- smell of 〜は「〜のにおいがする」の意味。

⑪ **Timmy Willie preferred sleeping on the floor.**
- 〈prefer + 〜ing〉で「〜する方を好む」の意味。

Scene 4

教科書p.158 *l*.14〜p.159 *l*.11

 読解のポイント

1. 街のすばらしい朝食について、ティミー・ウィリーはどのように感じましたか。また、その理由は何ですか。
2. ティミー・ウィリーは故郷での生活をどのように説明しましたか。また、それを聞いたジョニーはどう思いましたか。

The next day was the same. ① An excellent breakfast for town mice was served; the main dish was bacon. But Timmy Willie was not happy because he always ate roots and vegetables. ② Timmy Willie wanted to be at home in his peaceful garden. ③ He didn't like the food, and the place was too noisy. He couldn't sleep. ④ Timmy Willie explained to Johnny that life in the garden was very nice.

"⑤ It sounds like a boring place. What do you do when it rains?" asked Johnny.

"When it rains, I sit in my nest and eat seeds. ⑥ And when the sun comes out, the flowers look so beautiful. The only sound is from the birds and bees," explained Timmy Willie.

⑦ "Here comes the cat again!" exclaimed Johnny. ⑧ They quickly hid themselves and continued their conversation. "⑨ I am disappointed that we couldn't entertain you."

⑩ "You have been very kind, but I do not feel well," said Timmy Willie.

"⑪ You might not be used to our food. ⑫ Perhaps it might be better for you to return to your home."

A B C 単語・語句の研究

☐ **excellent** [éksələnt]	形 非常に優れた、すばらしい 参考 excellently（みごとに）
☐ **serve(d)** [sə́ːrv(d)]	動 （飲食物を人に）出す 参考 server（飲食物を給仕する人）
☐ **root(s)** [rúːt(s)]	名 根
☐ **noisy** [nɔ́izi]	形 騒々しい、うるさい 参考 noise（騒音）
☐ **boring** [bɔ́ːriŋ]	形 退屈な 参考 bored（退屈して）

☐ **exclaim(ed)** [ikskléim(d)]	動 (突然) 叫ぶ 参考 exclamation (叫び声)
☐ **hid** [híd] **<hide** [háid]	動 ～を隠す 参考 hidden (隠された、見つけにくい)
☐ **entertain** [èntərtéin]	動 ～をもてなす、楽しませる 参考 entertainment (娯楽、楽しみ)
☐ be used to ～	～に慣れている 例 John is used to eating with chopsticks. (ジョンは箸で食事するのに慣れている)

解説

① **An excellent breakfast for town mice was served; the main dish was bacon.**
- セミコロン (;) は2つの文を接続詞なしで等位に結ぶ。

② **Timmy Willie wanted to be at home in his peaceful garden.**
- want to be ～はここでは「～にいたい」の意味。

③ **He didn't like the food, and the place was too noisy.**
- the food は①に書かれている bacon などの An excellent breakfast for town mice をさす。

④ **Timmy Willie explained to Johnny that life in the garden was very nice.**
- 〈explain + to + 人 + that ～〉で「～ということを (人) に説明する」という意味になる。

⑤ **It sounds like a boring place.**
- ジョニーのせりふ。It は前文で Timmy Willie が話していた the garden をさす。
- 〈sound like + 名詞〉で「～のように聞こえる、～のようだ」の意味。〈sound + 形容詞〉「～のように聞こえる、～のようだ」との使いわけに注意。
  例 That **sounds like** a good idea.
    (それはいい考えのようだね)

That **sounds** good.
(それはいいね)

⑥ **And when the sun comes out, the flowers look so beautiful.**
- come out は「出てくる」の意味。

⑦ **"Here comes the cat again!" exclaimed Johnny.**
- Here comes 〜. は「(ほら、)〜が来た」という意味。注意を呼びかけるときに使われる言い方。

⑧ **They quickly hid themselves and continued their conversation.**
- hide は「〜を隠す」の意味。hide oneself で「隠れる」という表現になる。

⑨ **I am disappointed that we couldn't entertain you.**
- 〈be disappointed that + S' + V'〉で「〜ということにがっかりする、残念に思う」という意味になる。

⑩ **"You have been very kind, but I do not feel well," said Timmy Willie.**
- You は Johnny をはじめとする街のネズミたちをさす。
- have been 〜は「(ずっと)〜だ」という継続を表す現在完了の表現。

⑪ **You might not be used to our food.**
- might は弱い推量を表す助動詞。might not 〜で「〜でないかもしれない」という意味になる。
- 〈be used to + 名詞〉は「〜に慣れている」の意味。〈used to + 動詞の原形〉「(以前は)よく〜したものだ」との違いに注意する。
  例 My grandmother is not used to foreign food.
  (祖母は外国の食べ物に慣れていない)
  My grandmother used to play tennis with her friends.
  (祖母は以前はよく友人たちとテニスをしたものだ)

⑫ **Perhaps it might be better for you to return to your home.**
- it は形式主語で、真の主語は to return to your home。〈it might be ... for + 人 + to + 動詞の原形 〜〉で「(人)にとって〜することが…かもしれない」という文になる。

Scene 5

教科書p.159 *l.*12〜p.159 *l.*27

読解のポイント

1. 土曜日にティミー・ウィリーが門のそばのバスケットを見に行っていたのはなぜですか。
2. 冬が過ぎたころ、ティミー・ウィリーが突然見たものは何でしょうか。

① "Oh? Is that possible?" asked Timmy Willie.

② "Yes, the basket goes back on Saturdays," explained Johnny.

③ So Timmy Willie said good-bye to his new friends and hid in the basket. ④ After a bumpy ride, he arrived safely in his own garden.

⑤ Sometimes on Saturdays he went to look at the basket lying by the gate. ⑥ Johnny said he might visit the garden sometime, but nobody got out of the basket.

⑦ The winter passed, and the sun came out again. ⑧ Timmy Willie had nearly forgotten about his visit to town. ⑨ Then, all of a sudden, he saw Johnny. ⑩ He was walking down the path! Timmy Willie welcomed him. "⑪ You have come at the best time of the year. ⑫ We will eat herb pudding and sit in the sun."

🅰🅱🅲 単語・語句の研究

☐ say good-bye to 〜	〜に別れを告げる 例 Now I have to say good-bye to you. （さあ、あなたにさようならを言わなければなりません）
☐ **bumpy** [bʌ́mpi]	形 がたがた揺れる 参考 bump（ぶつかる、でこぼこ）、bumper（（自動車の）バンパー）
☐ **safely** [séifli]	副 無事に、安全に 参考 safe（無事な、安全な）、safety（無事、安全）
☐ **sudden** [sʌ́dn]	名 （成句 all of a sudden で使う） 参考 sudden（突然の）、suddenly（突然、いきなり）
☐ all of a sudden	突然 例 All of a sudden, it started to rain. （突然雨が降り始めた）

☐ **path** [pǽθ]　　　　　　　名 小道

☐ **herb** [(h)ə́ːrb]　　　　　名 ハーブ、薬草

☐ **pudding** [púdiŋ]　　　名 プディング

📢 **解説**

① **"Oh? Is that possible?" asked Timmy Willie.**
- that は前文でJohnnyが言ったto return to your home「自宅に戻ること」をさす。

② **"Yes, the basket goes back on Saturdays," explained Johnny.**
- the basket はTimmy Willieが街にやってきたときに入っていた野菜を運ぶかごをさす。
- 〈on ＋曜日 s〉で「毎週〜曜日に」という意味になる。

③ **So Timmy Willie said good-bye to his new friends and hid in the basket.**
- say good-bye to 〜で「〜に別れを告げる」という表現。

④ **After a bumpy ride, he arrived safely in his own garden.**
- ここのrideは「（乗り物に）乗ること、（乗ることによる）移動」という意味の名詞。Timmy Willieがかごに入り、荷馬車で移動したことをさす。

⑤ **Sometimes on Saturdays he went to look at the basket lying by the gate.**
- ②より、on Saturdaysは街からTimmy Willieのいる庭にかごが到着する日。
- the basket を lying by the gate が後ろから説明している。

⑥ **Johnny said he might visit the garden sometime, but nobody got out of the basket.**
- get out of 〜は「〜から（外に）出る」の意味。
  - 例 The man got out of the car and started to walk.
    （男性は車から出て歩き始めた）

⑦ **The winter passed, and the sun came out again.**
- passはここでは「(時が)過ぎる」の意味。

⑧ **Timmy Willie had nearly forgotten about his visit to town.**
- 〈had＋過去分詞〉で過去の一時点よりさらに前のことを表している。
- nearlyは「もう少しで(〜するところで)」という意味の副詞。
  例 I nearly missed the last train.
  (私はもう少しで終電に乗り遅れるところだった)

⑨ **Then, all of a sudden, he saw Johnny.**
- all of a suddenで「突然」という意味になる。副詞のsuddenly 1語でもほぼ同じ意味を表す。

⑩ **He was walking down the path!**
- Heは前文のJohnnyをさす。
- ここのdownは「〜に沿って」の意味。「下に」という意味ではないので注意。
  例 Walk down the street and turn left at the corner.
  (この通りに沿って歩いて行って角を左に曲がってください)

⑪ **You have come at the best time of the year.**
- Timmy WillieがJohnnyに対して言っているせりふ。YouはJohnnyをさす。
- have comeは完了・結果を表す現在完了。

⑫ **We will eat herb pudding and sit in the sun.**
- willはeat herb puddingとsit in the sunの両方にかかっている。

Scene 6

教科書 p.160

 読解のポイント

1. ジョニーの説明によると、今街のようすはどうなっていますか。
2. ジョニーは田舎と街のどちらに住むことにしましたか。またその理由は何でしょうか。

"Hmm. It is a little damp," said Johnny. ① He was carrying his tail under his arm, out of the mud. "What is that terrible noise?"

"That is only a cow," said Timmy Willie. "Don't worry, they are harmless. How is life in the city?"

② Johnny explained that the cook was doing spring cleaning and was trying to clear out the mice. ③ There were four kittens, in addition to the cat.

"④ Oh, my. I will gather some grass to make your bed. ⑤ I am sure you should live in the country, Johnny."

"Hmm. ⑥ We'll see. ⑦ The basket leaves on Tuesday next week."

⑧ "I am sure you will never want to live in town again," said Timmy Willie.

⑨ But Johnny did. ⑩ He went back in the next basket of vegetables. ⑪ He said it was too quiet in the country!

⑫ One place suits one person, another place suits another person.

A B C 単語・語句の研究

☐ **damp** [dǽmp]	形 湿った
☐ **noise** [nɔ́iz]	名 騒音 参考 noisy（騒々しい、うるさい）
☐ **harmless** [háːrmləs]	形 害のない 参考 harm（害、～を傷つける）、harmful（有害な）
☐ **cleaning** [klíːniŋ]	名 掃除 参考 clean（きれいな、～をきれいにする）
☐ clear out ～	～を追い出す 例 I cleared out a bug. （私は虫を追い出した）
☐ in addition to ～	～に加えて 例 In addition to Japanese, Mr. Sakamoto speaks English and Chinese.（坂本さんは日本語に加えて英語と中国語を話す）

☐ **grass** [grǽs]　　　　　名 草

☐ **suit(s)** [súːt(s)]　　　動 ～に適している、合う
　　　　　　　　　　　　参考 suitable（(～に) 適した）、suitably（適切に、
　　　　　　　　　　　　ふさわしく）

解説

① **He was carrying his tail under his arm, out of the mud.**
- Heは前文のJohnnyをさす。

② **Johnny explained that the cook was doing spring cleaning and was trying to clear out the mice.**
- 〈explain (that) + S' + V'〉で「S'がV'だということを説明する」という表現になる。
- that節の中はthe cookが主語で、was doing spring cleaningとwas trying to clear out the miceという2つの過去進行形があとに続いている。

③ **There were four kittens, in addition to the cat.**
- kittenは「子猫」。
- in addition to ～は「～に加えて」の意味になる。

④ **Oh, my.**
- 「おやおや」という、驚きや動揺を表す表現。

⑤ **I am sure you should live in the country, Johnny.**
- 〈I am sure (that) + S' + V'〉で「S'がV'だということを確信している、本気でS'がV'だと思う」という文になる。

⑥ **We'll see.**
- 「そのうちわかるだろう、考えておこう」という会話表現。相手の言ったことに対し、即答を避けるときに使われる。

⑦ **The basket leaves on Tuesday next week.**
- leaveはここでは「去る、出発する」の意味。決まった予定の場合、このように未来のことでも現在形を使う場合がある。

⑧ **"I am sure you will never want to live in town again," said Timmy Willie.**

- 〈I am sure (that) + S' + V'〉は「S'がV'だということを確信している、本気でS'がV'だと思う」という文。
- neverは強い否定を表す。you will never want to ～で「あなたは決して～したいと思わないだろう」の意味。

⑨ **But Johnny did.**

- このdidは、前文のyou will never want to live in town againを受けている。Timmy WillieはJohnnyが二度と街に住みたいと思わないだろうと確信していたが、Johnnyはそう思った、ということ。

⑩ **He went back in the next basket of vegetables.**

- HeはJohnnyをさす。
- the next basketとは、⑦にある翌週火曜日に(街に向けて)出発したバスケットのこと。

⑪ **He said it was too quiet in the country!**

- HeはJohnnyをさす。

⑫ **One place suits one person, another place suits another person.**

- one ～, another ... で「1つの～、もう1つの…」の形で、田舎ネズミTimmy Willieと街のネズミJohnnyを対比している。

確認問題

1 下線部の発音が同じものには○、違うものには×を（　　）に書き入れなさい。

(1) su̲dden — pu̲dding　　（　　）

(2) sne̲ak — asle̲ep　　（　　）

(3) poli̲te — mi̲ce　　（　　）

(4) ga̲te — fa̲int　　（　　）

(5) fri̲ghtened — hi̲d　　（　　）

2 □□□ から最も適切な語を選び、（　　）に書き入れなさい。

(1) There are some apples in the (　　　).

(2) The (　　　) grows vegetables and flowers.

(3) Let's have coffee and (　　　).

(4) It's a fine day. The (　　　) is green and the sky is blue.

(5) I couldn't sleep because of the (　　　) of the street.

> pudding　　basket　　noise　　grass　　gardener

3 日本語に合うように、（　　）内に適切な語を入れなさい。

(1) 女の子はこそこそとその部屋に入った。

The girl (　　　) into the room.

(2) 私は食器棚に食器を入れた。

I put dishes in the (　　　).

(3) 父は庭でハーブを育てている。

My father grows (　　　) in the garden.

(4) その映画はとても退屈だった。

The movie was so (　　　).

(5) 犬が私に向かってほえた。

The dog (　　　) at me.

4 日本語に合うように、( ) 内に適切な語を入れなさい。

(1) マイケルはソファで眠りに落ちた。

Michael ( ) ( ) on the sofa.

(2) ついに私たちは山の頂上に着いた。

( ) ( ) we got to the top of the mountain.

(3) やがて、私たちはいい友だちになった。

( ) ( ), we became good friends.

(4) 少女は気絶しそうに感じた。

The girl felt ( ).

(5) 急に少年は食欲がなくなった。

Suddenly the boy ( ) his ( ).

5 次の英語を日本語に訳しなさい。

(1) My brother is used to traveling alone.

_____

(2) All of a sudden, Johnny got out of the room.

_____

(3) I hid myself behind the curtain.

_____

6 日本語に合うように、[ ] 内の語句を並べかえなさい。

(1) 私たちは互いに別れを告げた。

[said / each / good-bye / we / to] other.

_____ other.

(2) ジョンはギターに加えてピアノも演奏する。

John [the piano / the guitar / addition / plays / to / in].

John _____.

(3) 男性はその犬を追い出した。

The man [out / the / cleared / dog].

The man _____.

7 次の英文を読み、設問に答えなさい。

He crashed into the middle of a mouse dinner party. "Who is this?" asked Johnny Town-mouse with great surprise. ①But Johnny quickly realized he should (   ) the new mouse. He introduced Timmy Willie to nine other mice, all with long tails and white neckties. They were formal town mice.

②The dinner consisted of eight courses. ③[were / dishes / to / all / unknown / the] Timmy Willie. But he was very hungry and felt he should try them. He wanted to be polite. During dinner, Timmy Willie learned that a cat was chasing some young mice upstairs. The mice came running in, squeaking and laughing. He couldn't believe it. He lost his appetite. He felt faint.

"Would you like to rest?" asked Johnny. "I will show you a very comfortable sofa pillow." Johnny said it was the best bed, but ④it smelled of cat. Timmy Willie preferred sleeping on the floor.

(1) 下線部①が「でもジョニーはすぐに、この新しいネズミに対して礼儀正しくすべきだと気づいた」という意味になるように、空所に適する3語の英語を入れなさい。

_____ _____ _____

(2) 下線部②を日本語に訳しなさい。

_____

(3) 下線部③が「すべての料理がティミー・ウィリーにとってなじみのないものだった」という意味になるように、[ ]内の語を並べかえなさい。

_____

(4) 下線部④がさすものを、本文から5語で抜き出して書きなさい。

_____ _____ _____ _____ _____

(5) 本文の内容に合うように、次の質問に英語で答えなさい。
Where did Timmy Willie sleep after the party?

_____

マイウェイ E.C. I

教科書ガイド

解 答

確認

Section 1 ① ア played　　イ came　② ア like　　イ goes
③ ア are　　イ was
Section 2 ⑤ ア is playing　　イ arriving[coming]
Section 3 ⑦ ア that　　イ I know

確認問題

1 (1) ×　　(2) ○　　(3) ×　　(4) ×　　(5) ○
2 (1) went（昨夜11時に寝た）
(2) running（見て。向こうで犬が走っている）
(3) that（私たちは、エリックが私たちを助けてくれると信じている）
(4) studies（トムは毎日日本語を勉強する）
(5) were（デイジーと健は、私が彼らを見たとき、テニスをしていた）
3 (1) positive　　(2) include　　(3) indeed　　(4) familiar　　(5) image
4 (1) in, end　　(2) lead to　　(3) comes from　　(4) change, pace
(5) prepared for
5 (1) 人間は言語を使う。
(2) ワニが川で泳いでいる。
(3) 私はそのダンサーが素晴らしいと思う。
6 (1) My friends stood by me.
(2) (Call) me if you get in trouble (.)
(3) I know that Mr. Smith is from (Australia.)
7 (1) Thailand, Brazil
(2) doing
(3) イ
(4) 危険に備えて自分自身を守りなさい
(5) from different countries often include familiar local animals
(6) （よく知られている現地の）動物の印象［イメージ］のために、人々はたやすくメッセージを理解する。

| 確認

Section 1　⑤ can help　⑨ ア may come　　イ may
Section 2　⑧ ア is cleaned　　イ were helped
Section 3　⑩ be washed

> 確認問題

1　(1) ○　(2) ○　(3) ×　(4) ×　(5) ○

2　(1) go (もう寝なければならない)
　　(2) taken (これらの写真はきのう撮られた)
　　(3) impressed (人々はその試合に感動した)
　　(4) seen (この部屋の窓から美しい海が見られる)
　　(5) realize (あなたは自分がひとりぼっちではないと気づくべきだ)

3　(1) hint　(2) shade　(3) chasing　(4) be observed　(5) naturally

4　(1) First, all　(2) as, were　(3) harmony with
　　(4) keep, mind　(5) wait for

5　(1) 最初は、私はうまく踊れなかった。
　　(2) あなたを訪ねたいときは、あらかじめあなたに電話します。
　　(3) その犬はリードをつけて散歩している。

6　(1) The singer reminded me of the joy (of singing songs.)
　　(2) (There is) a park between the school and the library (.)
　　(3) The movie should be watched by many people.

7　(1) 猫は私たちに、私たちの人生 [生活] についてのヒントをくれる。
　　(2) in harmony with
　　(3) humans can live a simple life
　　(4) 私の写真が人々に、自然と動物との間の調和を気づかせる
　　(5) kept
　　(6) They escape to the shade of a tree.

| 確認

Section 1 ⑥ playing　⑪ ア eating[having]　イ dancing
Section 2 ⑧ to wash　⑨ trying to　⑩ to cook[make]
Section 3 ⑧ to visit

確認問題

1 (1) ×　(2) ×　(3) ○　(4) ×　(5) ○
2 (1) to be（プロサッカー選手になりたい）
　(2) doing（宿題をやり終えた）
　(3) to read（読むべき本が2冊ある）
　(4) to win（試合に勝ってわくわくした）
　(5) to meet（おじに会うために空港へ行った）
3 (1) developed　(2) launched　(3) canned　(4) facilities　(5) solution
4 (1) agreed　(2) famous for　(3) figure out　(4) meet, requirements
　(5) Thanks to
5 (1) コーヒーはチョコレートと合う。
　(2) その女性はよい味覚を持っている。
　(3) 私はその本から着想を得た。
6 (1) Ms. Smith is happy with her new car.
　(2) A lot of students are involved in the festival.
　(3) Not only my mother but also my father cooks dinner.
7 (1) とろみのあるソースを作ること、味
　(2) making
　(3) 宇宙食は強い風味をもつ必要がある
　(4) tried to figure
　(5) to find the best balance
　(6) They added *kudzu* starch to the sauce.

確認

Section 1　② have visited　⑩ have lived

Section 2　⑤ been playing　⑦ has been

Section 3　⑪ ア had　　　イ hadn't eaten[had]

(確認問題)

1 (1) ○　(2) ○　(3) ×　(4) ○　(5) ×

2 (1) promise (戻ってくると約束する)

(2) notice (教室の壁のポスターに気づきましたか)

(3) foolish (ばかなことはやめて。落ち着いて)

(4) nearby (私たちは近くのレストランで昼食を食べた)

(5) moving (そのコンサートは感動的だった。それを見てとてもうれしかった)

3 (1) have, arrived　(2) been snowing　(3) have climbed　(4) has been

(5) had, started[begun]

4 (1) disappointed with　(2) forget about　(3) After, while

(4) meaningful　(5) probably

5 (1) 私たちは長い間 (ずっと) 友だちだ。

(2) あなたはまだ私の質問に答えていない。

(3) その作家はたくさんのすばらしい物語を生み出した。

6 (1) They have been running for thirty (minutes.)

(2) We have known Tom since last (year.)

(3) I had finished reading the book before I went (to bed.)

7 (1) I have read this book many times

(2) *Winnie-the-Pooh*

(3) written

(4) Winnie-the-Pooh[Pooh], Christopher (Robin), Piglet, Eeyore

(5) その作家はどのようにしてこれらのキャラクターを生み出したのだろうか。

(6) その本は世界中で約100年間人気がある。

確認

Section 1	⑤ who[that] ⑦ which[that]
Section 2	③ which[that]
Section 3	⑩ what
Section 4	⑩ for, to play

確認問題

1 (1) ×   (2) ○   (3) ×   (4) ○   (5) ×

2 (1) increase（チームの部員数を増やすために何ができるだろうか）
  (2) fluent（スミス先生は日本語の流ちょうな話し手だ）
  (3) heard（その映画のことを聞いたことがありますか）
  (4) influenced（浮世絵は19世紀、たくさんのヨーロッパの芸術家に影響を与えた）
  (5) remains（きのう雪が降って、きょうその雪がまだ残っている）

3 (1) official   (2) diversity   (3) prayed   (4) minority   (5) complex

4 (1) well   (2) lives by   (3) that[who/whom]   (4) instead of
  (5) connected with

5 (1) 私には大学で勉強する姉［妹］がいる。
  (2) 私は上手に泳いでいる犬を見た。
  (3) 健にとってその問題に答えるのは難しかった。

6 (1) These are the pictures which I took（yesterday.）
  (2) It's necessary for us to listen to music.
  (3) You gave me what I wanted.

7 (1) endangered languages
  (2) ② ウ   ③ イ
  (3) 言語は人々の生活様式と強くつながっている。
  (4) Ⓐ 狩り   Ⓑ（猟）犬
  (5) They live on Luzon Island（in the Philippines）.

| 確認

Section 1	⑧ ア sleeping　　イ standing
Section 2	① spoken
Section 3	① Sitting
Section 4	⑦ It, that

確認問題

1 (1) ×　　(2) ○　　(3) ×　　(4) ×　　(5) ○

2 (1) written（私は英語で書かれたブログを読んだ）
(2) Getting（体育の授業中にけがをしたので、受診しに行った）
(3) coming（門から出てくる背の高い男性は私の父だ）
(4) taken（友里によって撮られた写真は美しい）
(5) Hesitating（ポールに話しかけるのをためらって、ジョンはドアのそばに立っていた）

3 (1) travelers[tourists]　　(2) kindness　　(3) courage　　(4) willing to
(5) Ask, help

4 (1) carried, up　　(2) by herself　　(3) a loss　　(4) give up
(5) contributes to

5 (1)（その）映画を見ながら、私はコーヒーを1杯飲んだ。
(2) 風邪をひいていたので、私は早く寝た。
(3) ビルが今日ここに来ることは不可能だ。

6 (1)（The man）was kind enough to carry my suitcase（.）
(2) It is necessary that you take care of the dog（every day.）
(3) The boy playing the guitar is from Kobe.

7 (1) made
(2) ② エ　　⑤ ア
(3) would not move at all
(4) 私は途方にくれていた。
(5) 4
(6) One[A] screw was.

確認

Section 1 ⑤ where

Section 2 ⑧ when

Section 3 ② reason why

Section 4 ⑥ ア taller than　　イ earlier than

確認問題

1 (1) ×　　(2) ×　　(3) ×　　(4) ×　　(5) ○

2 (1) decade（私たちは10年間ずっと友だちだ）

(2) teammate(s)（私はチームメイトと2時間バスケットボールを練習した）

(3) bullied（エイミーはクラスメイトからいじめられていたので、学校に行きたくなかった）

(4) founded（私たちの学校は1975年に創立された）

(5) training（トレーニングがとてもハードだったので、私は疲れている）

3 (1) Focus　　(2) attitude　　(3) ethnic　　(4) refugees　　(5) calculation(s)

4 (1) Some, others　　(2) doesn't, either　　(3) went on　　(4) had difficulty

(5) make, with

5 (1) 姉［妹］の髪の毛は私の(髪の毛)より長い。

(2) 神戸はおじがかつて住んでいた都市だ。

(3) それが、私が5歳のときにサッカーをし始めた理由だ。

6 (1) Kaoru runs the fastest in the team.

(2) (I) will never forget the moment when we won the game (.)

(3) Do you know the reason why Emma is (absent today?)

7 (1) That was the reason why they continued training hard.

(2) 学校でいじめられている少年たちがいた／ギャングの仲間になった少年たちがいた

(3) catch up with

(4) She provided (them) private lessons (after school).

┃ 確認

Section 1	③ ア If, is　　イ If, cook[make]
Section 2	⑥ lived, could
Section 3	② ア wish, could　　イ wish, were
Section 4	⑤ as, were

確認問題

1 (1) ○　　(2) ×　　(3) ○　　(4) ×　　(5) ×

2 (1) customers（その会社は世界各地に顧客がいる）
　(2) lonely（ポールは家でひとりのとき孤独に感じる）
　(3) attend（あなたは午後、打ち合わせに出席するつもりですか）
　(4) designed（有名な建築家が30年前にこの建物を設計した）
　(5) remote（インターネットを通じて、遠く離れた地域の人々とコミュニケーションすることができる）

3 (1) care of　　(2) basically　　(3) period　　(4) elderly　　(5) centimeters

4 (1) taken part　　(2) half years　　(3) engineering high　　(4) moved around
　(5) those who

5 (1) もしあなたが放課後ひまなら、バスケットボールをしよう。
　(2) 姉［妹］はまるでプロの歌手であるかのように歌うことができる。
　(3) あなたが山登りに興味があったらいいのに（なあ）。

6 (1) If it snows tomorrow, I will stay（home.）
　(2) If I were a king, I would build（a big castle.）
　(3) I wish I could swim fast like you.

7 (1) wish, could help
　(2) 言い換えれば、身体に障がいを持つ人々は自分たちが社会に参加していると感じることができた。
　(3) ⑦ 物を運ぶ　　④ 120
　(4) They felt the joy of working.[They felt (that) they participated in society.]

確認

Section 1	⑧ how to
Section 2	⑨ asked, to sing
Section 3	④ made, cry
Section 4	⑤ getting[becoming, turning, going]

確認問題

1 (1) ×　　(2) ×　　(3) ○　　(4) ○　　(5) ×

2 (1) broom（私はほうきでその部屋をそうじした）
(2) childhood（私たちは子ども時代から友だちだ）
(3) Although（私は疲れていたにもかかわらず、野球の練習を続けた）
(4) drawings（その美術館にはたくさんの日本の絵がある）
(5) ending（その映画の悲しい結末が私たちを泣かせた）

3 (1) imagination　　(2) Witches　　(3) furniture　　(4) whispered
(5) teenager

4 (1) passed away　　(2) bumped into　　(3) next to　　(4) left, for
(5) One day

5 (1) どこで切符［チケット］を買うべきか私に教えてもらえますか。
(2) 私はあなたに私と一緒に来てほしい。
(3) その男性は私に彼のペンを使わせてくれた。

6 (1) I felt someone touching my shoulder.
(2) I saw Takanori dancing on the (stage.)
(3) My mother asked me to go shopping.

7 (1) *Kiki's Delivery Service*
(2) into
(3) in order to become a real witch
(4) キキは読者たちに前向きな生き方を示している。
(5) I am honored that
(6) She starts a delivery service.

確認問題

1 (1) ○　　(2) ×　　(3) ×　　(4) ○　　(5) ○

2 (1) chain（その鎖は鋼鉄でできている）
(2) recycled（ペットボトルは服にリサイクルされる）
(3) topic（今日の打ち合わせの主題は何ですか）
(4) monthly（私は月刊の雑誌を読む）
(5) happiness（少女は幸せで笑った）

3 (1) someday　　(2) banned　　(3) refused　　(4) wages　　(5) fashion

4 (1) by mistake　　(2) showed up　　(3) As, know　　(4) ended up
(5) throw away

5 (1) ライオンは食物連鎖の頂点にいる。
(2) ストレスは健康に悪影響がある。
(3) ありがとうと言うことで締めくくらせてください。

6 (1) The meeting is related to（the practice schedule.）
(2) We raised our voice against（the government.）
(3)（My brother）reads books at a fast pace（.）

7 (1) talk about
(2) taken
(3) 大企業はすでにマイクロビーズの使用をやめている
(4) Let me conclude with what we can do（.）
(5) refuse, reduce, reuse,（and）recycle
(6) We should put them in the recycle bin.

確認問題

1 (1) ×　　(2) ○　　(3) ○　　(4) ○　　(5) ×

2 (1) basket（かごの中にいくつかのりんごがある）
　　(2) gardener（その庭師は野菜や花を育てている）
　　(3) pudding（コーヒーを飲んでプディングを食べよう）
　　(4) grass（いい日だ。草は緑で空は青い）
　　(5) noise（私は通りの騒音で眠れなかった）

3 (1) sneaked　　(2) cupboard　　(3) herbs　　(4) boring　　(5) barked

4 (1) fell asleep　　(2) At last　　(3) Over time　　(4) faint
　　(5) lost, appetite

5 (1) 私の兄［弟］はひとりで旅することに慣れている。
　　(2) 突然、ジョニーは部屋を出て行った。
　　(3) 私はカーテンの陰に隠れた。

6 (1) We said good-bye to each (other.)
　　(2) (John) plays the piano in addition to the guitar (.)
　　(3) (The man) cleared out the dog (.)

7 (1) be polite to
　　(2) その夕食は8つのコース（料理）から成っていた。
　　(3) All the dishes were unknown to
　　(4) a very comfortable sofa pillow
　　(5) He slept on the floor.

A